Autor _ SWEDENBORG
Título _ ARCANA CŒLESTIA E
APOCALIPSIS REVELATA

Copyright	Hedra 2008
Tradução©	John Lionel O'Kuinghttons Rodríguez
Edições consultadas	Versão de J. H. Andersen. Valência, Sociedad Swedenborg Española, 1914. Texto latino: Bayside Swedenborgian Church (fac-símile digital)
Corpo editorial	Alexandre Barbosa, André Fernandes, Bruno Costa, Caio Gagliardi, Fábio Mantegari, Iuri Pereira, Jorge Sallum, Oliver Tolle, Ricardo Martins Valle, Ricardo Musse
Dados	Dados Internacionais de Catalogação na Publicação (CIP)

Arcana Cœlestia e Apocalipsis Revelata /
Swedenborg, Emanuel (Tradução e introdução
de John Lionel O'Kuinghttons Rodríguez) —
São Paulo : Hedra : 2008 Bibliografia.

ISBN 978-85-7715-035-9

1. Bíblia. A.T. Êxodo – Comentários 2.
Bíblia A.T. Gênesis – Comentários 3. Igreja da
Nova Jerusalém – Doutrinas e controvérsias I.
Título. II. Título: Apocalipsis Revelata.

CDD-289.4, 222.1107, 222.1207, 228.07

Índice para catálogo sistemático:
1. Apocalipse: Comentários 228.07
2. Êxodo : Livros históricos : Bíblia :
Comentários 222.1207
3. Gênesis : Comentários 222.1107 4. Igreja
da Nova Jerusalém : Religião 289.4

Direitos reservados em língua
portuguesa somente para o Brasil

EDITORA HEDRA LTDA.

Endereço	R. Fradique Coutinho, 1139 (subsolo) 05416-011 São Paulo SP Brasil
Telefone/Fax	(011) 3097-8304
E-mail	editora@hedra.com.br
Site	www.hedra.com.br

Foi feito o depósito legal.

Autor _ Swedenborg
Título _ Arcana Cœlestia e Apocalipsis Revelata
Tradução e introdução _ John Lionel O'Kuinghttons Rodríguez
Organização _ Jørgen Hartvig Andersen
São Paulo _ 2008

hedra

Emanuel Swedenborg (Estocolmo, 1677–Londres, 1772) foi inventor, engenheiro, cientista, filósofo e teólogo. Filho de Jesper Swedberg, bispo luterano condenado pelas suas posições pietistas sobre a natureza da comunhão com Deus, Swedenborg estudou na universidade de Uppsala, e após se formar, viajou entre 1710 e 1714, pela França, Holanda, Alemanha e Inglaterra, onde conheceu o astrônomo Edmund Harley e trabalhou como relojoeiro, encadernador e fabricante de instrumentos científicos.
- De volta a Estocolmo, propõe a Carlos XII, a construção de um observatório, mas o rei, mais preocupado com o desenvolvimento da engenharia militar, contrata-o para o gabinete das minas da Suécia, cargo que ocupará por 30 anos. Edita a revista *Dædalus Hyperboreus* (1716–18) dedicada a inventos mecânicos e descobertas matemáticas. Após a morte do rei, recebe um título de nobreza da rainha Ulrika, e passa a
- utilizar Swedenborg como sobrenome. Torna-se reconhecido em toda Europa com a publicação da *Opera Philosophica et Mineralia* (Leipzig, 1735), em que antecipa a hipótese nebular de Laplace e Immanuel Kant sobre a origem do sistema solar, e relaciona o campo da mineralogia com o da filosofia.

Durante os anos de 1730, se interessa pela fisiologia e anatomia
- humanas, como método científico para a pesquisa da relação entre corpo e alma, e tal como Descartes, se propõe a investigar os aspectos orgânicos do cérebro, vindo a descrever com precisão o funcionamento do líquido cérebro-espinhal e a relação das partes do córtex cerebral com os movimentos do corpo (*Regnum animale*, Haia, 1744–45). Em abril de 1745, numa taberna londrina, acredita ter entrado em contato com um espírito divino, que o convocara a revelar o verdadeiro sentido das escrituras (*Drömboken* [O livro dos sonhos], 1850), e a partir de então, dedica-se, até o fim da vida, à teologia e a exegese, publicando 18 obras, dentre as quais *De Cœlo et de Inferno* (Londres, 1758), *De Commercio Animæ et Corporis* (Londres, 1769), *Vera Christiana Religio* (Amsterdã, 1771).

Swedenborg não fundou igreja nem pregou. A Nova Igreja de Jerusalém foi fundada em 1784, em Londres, por discípulos tardios. A Sociedade Swedenborg foi fundada em 1810 para a publicação de seus livros. Apesar de reduzido número de fiéis em todo o mundo, sua obra influenciou autores como William Blake, Baudelaire, Balzac, Yeats e Carl Jung.

Arcana Cœlestia e Apocalipsis Revelata foram as duas primeiras obras exegéticas do autor. A primeira, publicada em 9 volumes, em Londres (1749-56), postula as etapas da vida da alma, como uma correspondência aos dias da criação descritos no Gênesis, e seus desdobramentos no Êxodo. Já *Apocalipsis Revelata* (1766) é uma exegese do Apocalipse, o último e mais enigmático livro da Bíblia, que Swedenborg entende como a prefiguração da criação de uma Nova Igreja, e como uma crítica aos falsos doutrinadores da fé, entre os quais os *babilônicos* (papistas) e os *draconistas* (sensualistas). Para nossa edição, usamos a versão espanhola, publicada em Valência, em 1914, pela Sociedad Swedenborg de España, que inclui a parte inicial da *Arcana Cœlestia*, correspondente à interpretação proposta pelo erudito sueco aos seis dias da criação (Gênesis) e excertos de *Apocalipsis Revelata*. A tradução foi cotejada com os originais latinos pelo latinista Renato Ambrosio.

John Lionel O'Kuinghttons Rodríguez é escritor chileno, professor e tradutor de espanhol. Formado em literatura e lingüística pela Universidade Católica do Chile, com mestrado em Lingüística Aplicada pela Universidade Católica de São Paulo. Publicou *La Blanca Señora de mi Barrio* (Saraiva, 2000), *Antología Crítica de la Literatura Hispano-Americana* e *La Acentuación* (Letraviva, 2005).

Jørgen Hartvig Andersen (1861-1946), norüeguês, foi cônsul na Espanha e se encarregou da seleção dos textos, divisão e organização da tradução espanhola.

SUMÁRIO

Introdução, por John L. O'Kuinghttons Rodríguez   9

ARCANA CŒLESTIA E APOCALIPSIS REVELATA   25

Arcana Cœlestia   27

Apocalipsis Revelata   71

INTRODUÇÃO

Certo dia Emanuel Swedenborg jantava com uns amigos na cidade de Gotheburg quando, repentinamente, anunciou que uma casa estava se queimando a quatrocentos quilômetros de distância, em Estocolmo. O episódio poderia não ter transcendido, porém, dias depois, as testemunhas daquele encontro constataram que, efetivamente, havia ocorrido um sinistro na cidade e na hora documentadas por Swedenborg. Previsivelmente, um fato desta natureza abraça muitas curiosidades e especulações. O prodígio seduziu, por exemplo, a Immanuel Kant, que se dedicou a estudar de perto as revelações de Swedenborg.

Outra célebre testemunha desse atributo foi a rainha Ulrika, de Suécia. Sabe-se que um dia a monarca pediu a Swedenborg que lhe contasse algo sobre seu irmão que havia falecido. Swedenborg então lhe confidenciou ao pé do ouvido algo que desconcertou a rainha: o relato de um fato que era da estrita intimidade dos dois irmãos.

O terceiro caso diz respeito a uma mulher que lhe perguntou se era possível que um morto lhe revelasse onde se encontrava um objeto extraviado. No dia seguinte, ela o encontrou.

Swedenborg confessou que, no momento de sua primeira visão, seu corpo começou a despedir um vapor. Os entendidos explicam que esta descrição corresponde ao chamado ectoplasma ou idioplasma, que é uma forma de materialização do espírito.

Essas experiências lhe proporcionaram uma fama que depois medrou com as confissões de seus contatos com espíritos e com Deus. Essas notícias provocaram certo arrebato em *Sir* Artur Conan Doyle, que, no início de seus estudos espíritas, chegou a declarar que Swedenborg era "o primeiro médium da idade moderna". Este sincero entusiasmo do criador de Sherlock Holmes não leva em conta, ou parece ignorar, que o próprio Swedenborg não reconhecia a atividade dos médiuns espíritas. Isso por duas razões claras e definitivas: Jesus Cristo é Deus e a salvação do homem não deriva das reencarnações, mas da regeneração, que é a renovação do espírito.

UM HOMEM MULTIFACETADO

Swedenborg dedicou-se a muitas atividades, em várias áreas do conhecimento. Como inventor, esboçou um modelo de avião, planificou diques, bombas hidráulicas e artefatos para aplicar na mineração. Mesmo sendo homem de paz, ideou máquinas para a guerra: uma metralhadora que lançaria mil projéteis por minuto e um veículo que poderia trafegar sob a água para atacar os inimigos de surpresa. Na astronomia, usou as paralaxes para calcular a longitude da Terra com base na Lua e postulou antes de qualquer pessoa a hipótese nebular, que explica como o sistema solar se originou de partículas desprendidas do sol e como elas, ao se unirem, formaram os planetas. Swedenborg ditou também teorias sobre a ondulação da luz e o átomo. Estudou a relação entre magnetismo e eletricidade e a propriedade motora do calor. Publicou pela primeira vez uma álgebra em sueco e foi catedrático de matemática em Uppsala. Criou instrumentos musicais, foi organista e se aplicou à relojoaria, à jardinagem e à encadernação. Estudou detidamente a anatomia. Observou que os hemisférios cerebrais são responsáveis por fatores distintos do comportamento humano, pois enquanto o direito atende os afetos, o esquerdo se ocupa dos processos racionais. Postulou, ademais, que a atividade do pensamento se hospeda no córtex cerebral.

Como cientista, desempenhou diversos cargos. Foi editor e redator da *Dædalus Hyperboreus*, a primeira revista sueca especializada em ciência e tecnologia. Foi correspondente da Academia Imperial das Ciências de São Petersburgo e participou da sociedade científica *Collegium Curiosorum*. Atuou, também como acadêmico, na Real Academia Sueca das Ciências.

Acrescentemos que ocupou um lugar no parlamento sueco e que, além da sua língua materna, sabia francês, inglês, holandês, alemão, italiano, hebraico, grego e latim.

TEOLOGIA E MISTICISMO

A memória humana, no entanto, não consagra Swedenborg por essas diligências. Sua fama deriva quase exclusivamente de sua ocupação teológica.[1] A repercussão de seu pensamento não é unânime. Muitos de seus comentários abriram espaço para calorosas polêmicas sobre a transcendência.

Pecado original Swedenborg recusa a expiação e o pecado original. Lapidando crenças tradicionais, postulou que não é Deus quem determina o acesso ao Céu ou ao inferno, mas a própria vontade e fé do homem. Em *De Cœlo et Inferno* expôs que é ao próprio homem que cabe a responsabilidade definitiva de escolher o destino de sua alma. O livre-arbítrio não é cancelado pela morte. Pouco a pouco repara que a nova realidade é mais luminosa e viva. Passado algum tempo, aproximam-se pessoas que podem ser anjos ou demônios. Então o indivíduo sente que guarda mais afinidade com uns do que com outros e escolhe com quem ficar. Essa afinidade é o resultado de sua própria inclinação para o bem ou para o mal. Nesse novo estado, o homem decide qual será seu destino eterno. Essa decisão poderia soar como uma obviedade, mas, se

[1] Swedenborg provinha de uma respeitada e devota família. Seu pai, Jesper Swedberg, foi um bispo luterano elevado à nobreza por concessão da rainha Ulrika. Como resultado dessa distinção, o sobrenome familiar passou a ser Swedenborg.

observarmos que os recintos infernais ostentam características que podem ser gentis para certos espíritos, entenderemos que não é assim.

O Inferno O inferno de Swedenborg tem o aspecto de uma instalação lamacenta e decadente, de cidades abandonadas nas quais os réprobos se sentem cômodos porque podem tecer intrigas e propalar a desconfiança. Lá não há um verdugo, pois é o próprio Deus quem o comanda. Quem optou por ele não sofre porque sabe conviver com o ódio e a desconfiança e esse estado lhe proporciona uma sorte de felicidade.

A vantagem desse conceito é que no inferno descrito por Swedenborg não há seres hipócritas, porque cada um escolheu segundo o valor de sua própria alma. O ditado atribuído a São Bernardo, "o inferno está cheio de boas intenções", aqui não se aplica por inteiro, já que supõe um princípio puramente moral. Podemos entender melhor isso ao examinar o antípoda infernal.

O Céu O Céu não responde à imagem consagrada, pois não se trata de uma remuneração. Não se chega nele pelas virtudes da piedade nem da santidade. Para merecê-lo, o homem deve ser, antes de tudo, inteligente porque, do contrário, não poderá acompanhar as discussões latentes que ensaiam os anjos sobre temas teológicos. Borges, por exemplo, lembra o caso de um homem que praticou a bondade, observou os mandamentos e rezou piamente em toda sua vida, mas que descuidou sua formação intelectual. Resultado: ao morrer se julgou digno do Céu, mas logo constatou que sua mente não podia entender do que ali se falava.[2] Concederam-lhe a possibilidade de habitar numa sorte de deserto, porque não podia estar no Céu. A santidade à que se entregou em toda sua vida não impediu que empobrecesse. Nem a pobreza nem a desventura são

---

[2] *Borges oral*, Barcelona, Bruguera, 1983

uma virtude: a regeneração não se atinge sem o concurso do intelecto.[3]

A obra teológica de Swedenborg abrange ainda títulos tão diversos como *Cavalo branco, Nova Jerusalém e sua Doutrina celestial, Terras no Universo, O Último juízo, Doutrina do Senhor, Doutrina de vida, Doutrina de fé, Amor Conjugal, Diário espiritual, Sabedoria divina*, entre muitos outros.

SWEDENBORG E A BÍBLIA

Swedenborg censurou abertamente a leitura literal da Bíblia. Em sua crítica contra os criacionistas, alegou que um exame que prescinde do substrato simbólico da Escritura ignora irremediavelmente os arcanos contidos no próprio Verbo. Para ele, a palavra santa é configurada pelas coisas internas, à exceção de Canaã e Jerusalém, cujo significado de "Céu" lhes foi confiado aos discípulos pelo Senhor. Essa revelação, diz Swedenborg, é desconhecida no mundo cristão.

O Verbo porta símbolos porque sem ele a palavra é pura letra, letra morta. Essa convicção está de acordo com a doutrina dos cabalistas, que asseguravam que, sendo a Escritura a revelação figurada de Deus, nada nela pode ser aleatório. Seria inconcebível que o Livro ostentasse descuidos, gratuidades ou ditados menores. Uma obra ditada pela Divindade não pode ostentar episódios irrelevantes. Esses relevos pertencem à obra humana, que nunca é perfeita. Swedenborg compara a essência irrefutável do Verbo com a própria natureza do homem. Nele, confluem dois tipos de entidade: a interna e a externa. Despojado da interna, que se adjunta ao símbolo bíblico, o Verbo é também algo morto.

---

[3] A este imperativo, William Blake agregou o requisito estético. A ele pertence este célebre aforismo: "O tonto não entrará na Glória por santo que seja".

INTRODUÇÃO

O conhecimento das verdades que permitirão a assunção espiritual do homem só é possível por mediação do Senhor. Aqui entra o episódio que talvez desperte mais incredulidade e desconcerto no leitor de Swedenborg: ele afirma ter convivido, dialogado e discutido com os espíritos. É necessário entender que não faz essa declaração em tom alegórico. Declara ter tido contato físico com as entidades superiores e que nesse intercâmbio lhe foram confiadas verdades definitivas para que o homem alcance a regeneração de sua alma.

Séculos antes de Swedenborg, o monge italiano Gioacchino da Fiore (1130—1202 d.C.) deixou uma revelação: Fiore desperta uma manhã e sabe que é outra pessoa. A revelação lhe confidencia que a história do mundo se divide em três etapas, cada uma estendida por 42 gerações. Enquanto o Antigo Testamento compendiava a época do Pai, o Novo Testamento trata do Filho. A terceira época adviria num lapso muito definido, entre os anos 1200 e 1260, e acabaria com a irrupção do Anticristo.[4]

Swedenborg ensina também que a história humana passou por distintas eras. A mais antiga de todas é a de Adão e Eva. A mais recente começou no dia 19 de junho de 1770, quando o Senhor enviou seus apóstolos para que disseminassem pelo mundo a Verdade em Jesus Cristo.

O convívio com as entidades celestes, afirma Swedenborg, o remuneraram com o conhecimento de verdades que, em toda a história humana, só a ele foram confiadas. Ele soube das diferentes classes de espírito, do estado das almas que segue à morte, do inferno e da lamentável situação que padecerão os infiéis, do Céu e da bem-aventurança que recompensará os fiéis, da doutrina da fé universal reconhecida no Céu.

---

[4] A título de curiosidade, observemos esta passagem escrita por Borges: "Sua vida se divide em três períodos. Esses períodos são de intensa atividade. Cada um desses períodos dura – se calculou – 28 anos."

Essas confidências o muniram do conhecimento necessário para interpretar os versículos sagrados. De sua extensa obra, examinemos os dois trabalhos que compõem este volume.

ARCANA CŒLESTIA

A *Arcana Cœlestia* cobre mais de um terço dos trabalhos teológicos de Swedenborg.

Na versão que apresentamos, figura o exame dos 31 primeiros versículos da Gênesis, que compreendem o Hexaêmeron, os seis dias da criação. Esse episódio inaugural resume a base doutrinal da dupla natureza do homem, necessária para compreender o sentido da edificação da alma pelo concurso do Verbo concedido pelo Senhor. Com efeito, os seis dias da criação correspondem às seis etapas da regeneração do homem. Estas etapas sucessivas, previsivelmente, arremedam uma escala, cujo último estado contém o cume, a integridade.

A ascensão impõe, ademais, a noção de sacrifício. Para Irineu (130–202 d.C.) é inconcebível a entrada no reino celestial sem a passagem de determinadas etapas. Swedenborg dialoga com esse princípio e adverte que a maior parte dos homens não passa do primeiro estado e que são muito poucos os que chegam a conhecer a sexta instância. Revisemos cada uma das etapas separadamente:

1. A primeira etapa precede à regeneração e leva o nome de "vazio" ou "isolamento". É o dia em que Deus cria a luz e as trevas.

2. O homem começa a distinguir entre o que é o Senhor e o que é o homem. Deus expande as águas e as separa.

3. O terceiro estado é o arrependimento, no qual o homem realiza bens. É o dia em que são criadas a erva e a árvore.

4. Aqui o homem é afetado pelo amor e iluminado pela fé. Aparecem as luminárias para distinguir entre o dia e a noite.

5. A quinta etapa é a confirmação. O homem fala pela fé, assentando-se na verdade e no bem. É o dia em que são criados os animais.

6. Na última etapa, fala a verdade e obra o bem pela fé e o amor. O dia sexto é o dia da criação do homem à imagem e semelhança de Deus.[5]

Para superar essa eqüidade mitológica, Swedenborg nos mune de um ajustado repertório de correlações simbólicas que explicam a regeneração do homem, a superação da ignorância e da falsidade pelo conhecimento. Assim, as trevas supõem a ignorância e a tardia luz nos revela uma certa graduação que culmina na verdade. Enquanto a tarde é o estado precedente — que são as falsidades —, a manhã é o estado que segue e que comporta com a luz a verdade e o conhecimento da fé. A Noite e o Dia são as entidades bifurcadas na ordem antagônica do bem e do mal. O Dia, além disso, simboliza o tempo, como advertiu Gioacchino da Fiore.

Dias como anos A idéia de que um dia seja signo de muitos anos consta no salmo 90, que declara: "Tu reduzes o homem ao pó, dizendo: Voltem, filhos de Adão. Mil anos são aos teus olhos como o dia de ontem, que passou, uma vigília dentro da noite". Essa cifra, dizem os exegetas, não correspondem a um cômputo exato e delimitado. Antes disso, evoca um longo e indefinido período. O tempo de contínua felicidade que segue ao sexto dia

---

[5] A leitura literal do Hexaêmeron não o diferencia de outras cosmogonias. As trevas iniciais são o caos primordial de gregos e sérvios, o *Ginnungagap* nórdico, o caos oval dos chineses, o pântano japonês, o mar siberiano, a planície escura dos aborígines australianos e o sereno divórcio entre céu e mar do *Popol Vuh*.

da criação conformou o imaginário milenarista, que não deve ser confundido com o messianismo. Os milenaristas não pressentem necessariamente o advento de um salvador e os messianistas não estabelecem um cálculo preciso de espera.[6]

No entanto, a divisão temporal em milênios parece estranha ao Antigo Testamento, que fixava seus cálculos em jubileus.[7]

No século II, alguém redigiu a epístola do Pseudo-Bernabê, na qual se declara que seis dias equivalem a seis mil anos. Como Lactâncio (240-320 d.C.) ou Justino (100-165 a.C.), o anônimo autor conhecia bem a passagem do salmo 90.

O significado dos números É necessário entender que, junto com a imprecisão numérica do mil, o seis e o sete contêm significados. Em ambos operam combinações de prestigiosas quantias tradicionalmente simbolizadas pela cultura antiga. O seis é um três duplicado. Para os judeus, a tríade era um cômputo sagrado, como o demonstra a perfeição do triângulo eqüilátero, cuja base é qualquer um de seus lados e cujo aspecto é invariável. Se o três era o número divino, o quatro era a cifra deste mundo, pois quatro são as orientações geográficas do orbe e quatro são os componentes primários da natureza: ar, terra, água e fogo.[8]

---

[6] São Hipólito, discípulo de Irineu, defendeu entretanto que o Senhor adviria em 5500 d.C., medida que corresponde aos cinco côvados e meio da arca da aliança (um côvado equivalia a 66 cm).

[7] Essa divisão parece provir do Irã e da Babilônia. Segundo Delumeau, no que concerne ao Livro dos jubileus: "Adão morreu setenta anos antes de ter atingido os mil anos. Pois mil anos são como um dia no céu; e isto por causa do que está escrito acerca da árvore do conhecimento: No dia em que dela comeres, morrerás. Por essa razão, Adão morreu antes de ter completado os anos desse dia. (*Mil anos de felicidade*, São Paulo, Companhia das Letras, 1997.)

[8] Em *Para entender o Antigo Testamento* (Rio de Janeiro, Agir, 1959), Estevão Bettencourt lembra que a simetria do quadrado também é imagem da

A criação Assim Deus culmina a criação e no sétimo dia descansa.[9] Antes da regeneração atribuída ao último dia, o homem ignora que existe o homem interior. Isto o saberá com o auxílio do dia — em oposição à noite —, o qual outorga as verdades. As águas significam os saberes e conhecimentos, que, em conjunto, formam o mar.

Se as águas são o saber, os peixes e os seres que rastejam significam os saberes da memória e a baleia encerra os princípios gerais. Lembremos que este símbolo ressoa nos profetas. Jonas, ao ser engolido pela baleia, é arrebatado pelo conhecimento e se torna sábio. Aquilo que pertence ao entendimento é designado pelo que se arrasta pelas águas, pelas aves sobre a terra e a expansão. A vontade se cifra nas "almas viventes produzidas pela terra" e na "besta", mas também no que se arrasta e em todo "animal selvagem da terra". O entendimento ouve o Verbo e a vontade o executa.

Luminárias A terra é, assim, o recipiente do conhecimento e as luminárias são o amor e a fé. Na Igreja Judia, lembra Swedenborg, mantinha-se ardendo uma perpétua luminária porque toda ordem dessa instituição era representativa do Senhor. O homem começa a viver com a luz das luminárias, pois com elas o exterior recebe a luz. O

---

divindade. Desse modo, o sete também combina quantias seletas. Aqui vale destacar que a Escritura não fala necessariamente desse montante em sua estrita acepção matemática. O sete leva uma noção perfectiva, de algo acabado e fechado. Isto explica e justifica o que à primeira vista parece um deslize cometido pelos tradutores judeus alexandrinos da Bíblia. Uma passagem do Êxodo (21,37) nos informa que: "Se alguém roubar um boi ou uma ovelha e os abater ou vender, devolverá cinco bois por um boi, e quatro ovelhas por uma ovelha". Os tradutores preferiram escrever que a retribuição não seria de quatro ovelhas, mas de sete. Bettencourt explica que os alexandrinos não quiseram referir a cifra quantificável do sete, mas seu emblema, que é a cabalidade. Dito de outra forma, quem rouba uma ovelha deverá recompensar integralmente o furto. O mesmo exemplo figura no Livro Segundo de Samuel (12,6). Nos Provérbios (6,31) consta a cifra sete.

[9] Alívio ou descanso prometido também em Jó (5,19): "Ele é quem liberta você de seis perigos, e no sétimo o mal não mais o atingirá".

homem vive em falsidade quando admite que obra por si próprio, pois o insuflo provém do Senhor. Tudo o que vem do homem carece de vida. Quando essa carência se manifesta, aparece na forma de uma substância negra, dura e ossificada. Sendo diametrais, tudo o que vem do Senhor possui vida porque abraça coisas espirituais e celestiais. Sua manifestação visível tem aspecto humano e vivo.

Homens espirituais e celestiais As "nuvens do Céu" são o significado literal do Verbo e a "erva que dá semente" é toda a verdade. A "árvore em que há fruto" é o bem da fé e "o fruto" concentra o que o Senhor dá ao homem celestial. O homem se comunica com o Céu graças à mediação dos anjos e os espíritos lhe permitem o diálogo com a zona espiritual. Enquanto o homem não atingir a regeneração, ele convive com espíritos maus, cujo domínio é tal que os anjos quase nem conseguem guiá-lo para evitar que incorra no que há de pior.

No homem regenerado predominam os anjos que, além de inspirarem nele o bem e a verdade, lhe infundem o medo do mal e da falsidade. Os anjos operam como ministros, pois quem os dirige é o Senhor. Essa função mediadora impede que sejam considerados como divindades. "São como irmãos do homem, e por isso não devem ser idolatrados nem invocados", argumenta Swedenborg.

Temos, então, duas manifestações da realidade humana: a envergadura espiritual e a celestial. A "imagem" que liga o homem com Deus não é a semelhança ou similitude, mas *segundo* a similitude. O homem espiritual é "imagem" e o celestial é "semelhança". O Senhor chama "filho da luz" o homem espiritual e "filho de Deus" o celestial. O domínio do homem celestial procede do amor, que é a vontade, enquanto o do homem espiritual denota princípios do entendimento, que é a fé.

Este binômio não carece de correspondências humanas. Na Antiga Igreja se conhecia a analogia varão-fêmea. A razão pertence ao homem e a vontade à mulher, com o qual conformam o matrimônio. Aqui Swedenborg nos regala um belo símile. Diz que no Céu os casais que realmente amaram formarão um só anjo.

Sobre esses raciocínios, bem lembra Borges o que um dia disse James Joyce:

> Swedenborg, que freqüentou todos os mundos invisíveis durante longos anos, vê na imagem do homem o próprio Céu, junto com Miguel, Rafael e Gabriel, que, segundo ele, não são três anjos, mas três coros angélicos. A eternidade, que apareceu para o discípulo amado e para Santo Agostinho na forma de cidade celestial, e para o Alighieri como rosa celestial, revestia para o místico sueco as formas de homem celestial, com todos seus membros animados por um fluido de vida angélica que sai e volta a entrar, em sístole e diástole de amor e sabedoria. A partir desta visão, desenvolveu o imenso sistema que denominava correspondências, e que domina sua obra prima *Arcana Cœlestia*, novo evangelho que, segundo ele, anuncia a aparição do Filho do Homem nos céus, prevista por São Mateus.[10]

APOCALIPSIS REVELATA

Para um exame do livro que encerra o Novo Testamento é necessário algumas considerações.

O capítulo 20 do Apocalipse de João compendiava em mil os anos da época de esplendor. Essa seção do livro é a que reúne a crença milenarista com a messianista e adverte que o quiliasmo (milenarismo) esteve longamente proscrito da doutrina eclesiástica. No século III, Orígenes (185–253 d.C.) sancionou as preocupações dos milenaristas por supor que sua leitura da Bíblia era mais imaginativa do que intelectual. Um discípulo seu, Dionísio, foi mais longe e erradicou do cânone o Apocalipse de João. Desdenhoso dos prazeres sensuais intuídos na promessa milenarista, Santo Agostinho (354–430 d.C.) afasta quase definitivamente o quiliasmo da doutrina da Igreja.

---

[10] *Emanuel Swedenborg, El Cielo y sus Maravillas y el Infierno*, Buenos Aires. Kier 1991.

O Apocalipse de João sai imune do escrutínio de São Gelásio I (papa entre 492–496 d.C.) e se consagra como livro canônico. O último livro, como tudo o que concerne ao Verbo em seu sentido espiritual, não trata do mundo, mas das coisas celestiais, do Céu e da Igreja. Para Swedenborg, ninguém desvelou os arcanos apocalípticos porque descuidaram desse sentido central, que remete ao ano de 1757 o último juízo celebrado no mundo espiritual. Essa datação "correspondeu à data precisa em que se havia apagado a fé em todas as igrejas", comenta Borges. E acrescenta ainda: "Outro Juízo Final ocorre também no instante da morte de cada homem e é conseqüência de sua vida anterior".

O Apocalipse é um livro hermético quando não é lido com o auxílio da revelação. João Evangelista é introduzido por influxo divino num estado espiritual que lhe confere a lucidez das verdades reveladas do Céu. Por essa concessão, sabemos que os chamados à Nova Igreja de Jerusalém advirão a ela pela iluminação outorgada pelo Senhor, mediante sua palavra. Além disso, quem luta contra seus males e falsidades e é reformado obterá o bem do amor celestial, se tornará espiritual e se salvará por conjunção com o Senhor.

O Céu está aberto e o Inferno, que é seu antípoda, não está para os que seguem a doutrina de Deus. Essa aderência os munirá contra o mal; a recusa das falsidades os protegerá no dia do último Juízo. Os íntegros que chegarem ao Céu se depararão com dois reinos: o espiritual e o celestial. Mas o Inferno também conhece essa divisão. O reino satânico do Inferno é o antípoda e a antítese do correspondente reino espiritual celestial. Nesse recinto, padecem os que destruíram a Igreja por falsificar o Verbo e os que não atuam por caridade.

Como o próprio Swedenborg, João possui o atributo de conhecer o estado da Igreja no Céu e no mundo. Essa Igreja se fundamenta em duas verdades centrais: o reconhecimento do Senhor e a vida orientada pelos mandamentos do Decálogo, verdades que serão rechaçadas pelos dois amores infernais, que são o amor de dominar e o de reinar.

Não é difícil reconhecer uma iconografia dos eventos noticiados no capítulo 12. Sua leitura tem alimentado toda sorte de horrores entre os milenaristas literais. Da Fiore, que, como vimos, não adere estritamente ao quiliasmo, elude a tentação literalista e declara que o dragão de sete cabeças do versículo 3 assinala sete caudilhos. A sexta cabeça pertence a Saladino, que combateu os cruzados em Jerusalém. A sétima é a cabeça do Anticristo.

Para Swedenborg, a luta de Miguel contra o Dragão (Apocalipse 12,7) significa o embate entre a falsidade da Igreja anterior e a Nova. Aqueles que acreditaram no Senhor, acrescenta Swedenborg, não reconheceram a heresia comportada pelo Dragão e a Besta como doutrina da Igreja. Os que se munem desta falácia para afastar do bem os incautos serão destinados ao Inferno.

O capítulo 14 fala da morte do Catolicismo Romano. Swedenborg defende que esse decesso se oculta no símbolo da "Grande Babilônia", que profanou o Verbo e adulterou o bem e a verdade da Igreja. "Babilônia", que é "Babel", porta a idéia de reinar sobre as coisas santas da Igreja, cujo amor provém do egoísmo, que é o Diabo, porque este cobiça, profana e adultera as mesmas coisas.

No catolicismo, Swedenborg adverte sobre a repercussão do símbolo da rameira, que também profana e adultera a verdade do Verbo. Swedenborg lamentou a imensa influência dessa igreja que domina na cristandade e até aqueles que não reconhecem a autoridade papal. "São insensatos os que a seguem", sentencia sem rodeios.

Aqueles que pretendam dominar pelo poder dessa religião serão jogados em vários infernos. Os anjos agradecem e festejam o castigo proferido a essa igreja de profanação.

Os últimos capítulos do *Apocalipsis Revelata* estudam

o encarceramento dos draconistas, os seguidores do Dragão ou Serpente antiga, em quem o sensual prevaleceu sobre o espiritual. Os que chegaram ao Céu receberam a felicidade e a vida eterna por sua conjunção com o Senhor. Em sua leitura de João, Swedenborg afirma que aos impiedosos, aos que amam o mal e suas falsidades e que permanecem no Diabo e Satanás, somente lhes resta o Inferno.

A IGREJA DE SWEDENBORG

Swedenborg declarou que no dia 19 de junho de 1770 o Senhor confiou a seus discípulos a propagação da Verdade. Os seguidores de Swedenborg transformaram essa data em efeméride, o dia em que se inaugura a Nova Igreja. É necessário esclarecer que este conceito de igreja não significa construção nem organização humana, mas uma era, uma fase de desenvolvimento entre Deus e os homens. Como Da Fiore, Swedenborg ensina que a história humana se compõe de eras. A primeira foi a era de Adão e Eva, que ele chamou de Igreja Mais Antiga. Seguiu-se a era de Noé e sua família, que denominou Igreja Antiga.

No nosso tempo, começa uma nova idade, simbolizada no Livro das Revelações como a *Nova Jerusalém*, que Swedenborg entende como Nova Igreja, nome fixado pela comunidade internacional swedenborgiana, que define os princípios de seu mentor como oferendas divinas e como o meio para alcançar a felicidade terrena e ulterior.

Nos princípios dessa comunidade, dizia-se que a Nova Igreja acolhia todos os que desejassem aceder ao poder mais alto e colocar em prática suas crenças mediante uma vida honesta e de serviço. Acrescente-se que a nova era se caracteriza pela crescente liberdade humana e pela oportunidade concedida para entender o significado real de muitas idéias religiosas mediante o empenho afetivo, racional e prático.

Em 1849, foi criada a Swedenborg Foundation, que em 1850 foi reconhecida legalmente no estado de Nova York com o nome de American Swedenborg Printing and Publishing Society. Seu nome revela a intenção: o propósito inicial era publicar e distribuir a obra teológica do místico sueco. Em 1928, o nome se fixa como Swedenborg Foundation, seu nome atual. É regida por um corpo diretivo integrado por 16 membros que se reúnem anualmente mês de maio. Com essa mudança, seus objetivos se ampliam. Convém sublinhar que se trata de uma instituição sem fins de lucro, que além de divulgar a obra de seu mentor e manter uma biblioteca com sua obra, organiza eventos e oficinas, publica e edita obras de crescimento espiritual.

***

Emanuel Swedenborg teve uma vida longa e prolífica. Morreu em Londres, no 29 de março de 1772, uma data que ele próprio vaticinou.

ARCANA CŒLESTIA E
APOCALIPSIS REVELATA

ARCANA CŒLESTIA

O GÊNESIS

1. Se só olharmos a letra, não poderemos ver de forma alguma que o Verbo do Antigo Testamento contém profundos arcanos do Céu, e que tudo o que, tanto no particular quanto no geral, refere-se ao Senhor, a Seu próprio Céu, à sua própria igreja, à religião (fé), e a tudo que se relacione com ele; porque somente pela letra não se vê, mas – falando em termos gerais – tudo ali se refere aos ritos e cerimônias da Igreja. No entanto, a verdade é que *em todo detalhe do Verbo há coisas internas* que de forma alguma aparecem nas externas, com exceção de umas poucas, as quais o Senhor revelou aos Apóstolos, entre elas: que o país de Canaã e Jerusalém significam o Céu – razão pela qual também se chamam Canaã e Jerusalém celestial; e que a palavra "Paraíso" tem um significado semelhante.

2. Porém, por outro lado, o mundo cristão se revela ainda inconsciente do fato de que o Verbo, tanto em seu conjunto quanto em cada detalhe, significa e abrange coisas espirituais e celestiais e, por esse motivo, o Antigo Testamento é pouco estudado. Poderiam, no entanto, saber que o Verbo tem, de fato, a natureza indicada se considerassem que, por proceder do Senhor, deve necessariamente envolver coisas referentes ao Céu, à igreja e à fé, e que, se não as envolvesse, não poderia chamar-se a Palavra de Deus, nem se poderia dizer que tem vida. Porque de onde viria a sua vida senão daquilo que pertence à vida? Ou seja, senão disso que, tanto em seu conjunto quanto em cada detalhe se refere ao Senhor, que é a própria vida? Assim, tudo o que interiormente não dirija seus olhos a Ele, carece de vida; e podemos, então, dizer que

toda palavra do Verbo que não O envolva, ou seja, que de alguma forma não se relacione a Ele, não é divina.

3. Sem tal vida, o Verbo, enquanto letra apenas, morre. O mesmo acontece com o homem, que, como se sabe no mundo cristão, é interior e exterior. Separado do interior, não é mais do que um corpo inerte, porque é o interior do homem que possui vida e permite que o exterior também a tenha, sendo a alma o interior do homem. Assim também acontece com o Verbo: sua letra isolada é como um corpo sem alma.

4. Quando a mente do homem se restringe ao sentido literal, não se pode ver que dentro desse sentido se ocultam tais coisas. Assim, nestes primeiros capítulos do Gênesis, a letra, em si, somente revela que ali se fala da criação do mundo, do jardim do Éden, chamado Paraíso, e de Adão como o primeiro homem criado. Quem afirmaria outra coisa? Mas nestas páginas se demonstrará que essas matérias contêm arcanos nunca revelados e, com efeito, que o primeiro capítulo do Gênesis, no sentido interno, trata, em geral, da *nova criação do homem*, ou seja, de sua regeneração, em geral, e da *Antiga Igreja primitiva*, em particular, e isso de tal forma que não há ali nenhuma expressão sequer que não represente, signifique ou envolva tais coisas.

5. Mas ninguém pode saber que realmente é assim, a não ser pelo Senhor. Devo então de antemão, manifestar que, por meio da divina misericórdia do Senhor, foi-me permitido, já há vários anos, estar constantemente em companhia de espíritos e anjos, ouvi-los falar e falar com eles. Dessa maneira, foi-me permitido ouvir e ver coisas maravilhosas na outra vida, as quais nunca antes haviam chegado ao conhecimento de homem nenhum, nem haviam passado pela mente humana. Fui instruído a respeito das diferentes classes de espíritos, dos estados das almas após a morte; do inferno, ou seja, do estado lamentável dos infiéis; do Céu, ou seja, do estado bem-aventurado

dos fiéis, e especialmente a respeito da doutrina da fé universalmente reconhecida no Céu, coisas sobre as quais posteriormente se falará mais, por meio da Divina misericórdia do Senhor.

Gn 1.1 No princípio criou Deus os céus e a terra.[1]

Gn 1.2 A terra era sem forma e vazia; e havia trevas sobre a face do abismo, mas o Espírito de Deus pairava sobre a face das águas.

Gn 1.3 Disse Deus: Haja luz. E houve luz. E Deus chamou à luz dia, e às trevas noite. E foi a tarde e a manhã, o dia primeiro.

Gn 1.4 Viu Deus que a luz era boa; e fez separação entre a luz e as trevas.

Gn 1.5 E Deus chamou à luz dia, e às trevas noite. E foi a tarde e a manhã, o dia primeiro.

Gn 1.6 E disse Deus: Haja um firmamento no meio das águas, e haja separação entre águas e águas.

Gn 1.7 Fez, pois, Deus o firmamento, e separou as águas que estavam debaixo do firmamento das que estavam por cima do firmamento. E assim foi.

Gn 1.8 Chamou Deus ao firmamento Céu. E foi a tarde e a manhã, o dia segundo.

Gn 1.9 E disse Deus: Ajuntem-se num só lugar as águas que estão debaixo do Céu, e apareça o elemento seco. E assim foi.

Gn 1.10 Chamou Deus ao elemento seco terra, e ao ajuntamento das águas mares. E viu Deus que isso era bom.

---

[1] A tradução dos textos bíblicos é a versão atualizada de João Ferreira de Almeida (1628–1691). (N. do E.)

30

Gn 1.11 E disse Deus: Produza a terra relva, ervas que dêem semente, e árvores frutíferas que, segundo as suas espécies, dêem fruto que tenha em si a sua semente, sobre a terra. E assim foi.

Gn 1.12 A terra, pois, produziu relva, ervas que davam semente segundo as suas espécies, e árvores que davam fruto que tinha em si a sua semente, segundo as suas espécies. E viu Deus que isso era bom.

Gn 1.13 E foi a tarde e a manhã, o dia terceiro.

Gn 1.14 E disse Deus: Haja luminares no firmamento do Céu, para fazerem separação entre o dia e a noite; sejam eles para sinais e para estações, e para dias e anos;

Gn 1.15 e sirvam de luminares no firmamento do Céu, para alumiar a terra. E assim foi.

Gn 1.16 Deus, pois, fez os dois grandes luminares: o luminar maior para governar o dia, e o luminar menor para governar a noite; fez também as estrelas.

Gn 1.17 E Deus os pôs no firmamento do Céu para alumiar a terra,

Gn 1.18 para governar o dia e a noite, e para fazer separação entre a luz e as trevas. E viu Deus que isso era bom.

Gn 1.19 E foi a tarde e a manhã, o dia quarto.

Gn 1.20 E disse Deus: Produzam as águas cardumes de seres viventes; e voem as aves acima da terra no firmamento do Céu.

Gn 1.21 Criou, pois, Deus os monstros marinhos, e todos os seres viventes que se arrastavam, os quais as águas produziram abundantemente segundo as suas espécies; e toda ave que voa, segundo a sua espécie. E viu Deus que isso era bom.

Gn 1.22 Então Deus os abençoou, dizendo: Frutificai e multiplicai-vos, e enchei as águas dos mares; e multipliquem-se as aves sobre a terra.

Gn 1.23 E foi a tarde e a manhã, o dia quinto.

Gn 1.24 E disse Deus: Produza a terra seres viventes segundo as suas espécies: animais domésticos, répteis, e animais selvagens segundo as suas espécies. E assim foi.

Gn 1.25 Deus, pois, fez os animais selvagens segundo as suas espécies, e os animais domésticos segundo as suas espécies, e todos os répteis da terra segundo as suas espécies. E viu Deus que isso era bom.

Gn 1.26 E disse Deus: Façamos o homem à nossa imagem, conforme a nossa semelhança; domine ele sobre os peixes do mar, sobre as aves do Céu, sobre os animais domésticos, e sobre toda a terra, e sobre todo réptil que se arrasta sobre a terra.

Gn 1.27 Criou, pois, Deus o homem à sua imagem; à imagem de Deus o criou; homem e mulher os criou.

Gn 1.28 Então Deus os abençoou e lhes disse: Frutificai e multiplicai-vos; enchei a terra e sujeitai-a; dominai sobre os peixes do mar, sobre as aves do Céu e sobre todos os animais que se arrastam sobre a terra.

Gn 1.29 Disse-lhes mais: Eis que vos tenho dado todas as ervas que produzem semente, as quais se acham sobre a face de toda a terra, bem como todas as árvores em que há fruto que dê semente; ser-vos-ão para mantimento.

Gn 1.30 E a todos os animais da terra, a todas as aves do Céu e a todo ser vivente que se arrasta sobre a terra, tenho dado todas as ervas verdes como mantimento. E assim foi.

Gn 1.31 E viu Deus tudo quanto fizera, e eis que era muito bom. E foi a tarde e a manhã, o dia sexto.

CONTEÚDO

6. Os seis dias, ou períodos, são estados da regeneração do homem, e, no geral, são como se indica a seguir:

7. O *primeiro* estado é o que precede à regeneração, tanto a do estado da infância quanto a do estado imediatamente anterior à nova criação, e se chama "desolação", "vazio" e "trevas". O primeiro movimento, que é efeito da misericórdia do Senhor, é "o Espírito de Deus, que se move sobre a face das águas".

8. O *segundo* estado corresponde a quando o homem começa a distinguir entre o que é do Senhor e o que é do homem. Aquilo que é do Senhor no homem se chama, no Verbo, "remanescentes", "relíquias", "restos" etc., e são, sobretudo, o conhecimento sobre a fé, adquirido pelo homem desde a infância, cujo conhecimento, desde a primeira idade, é guardado pelo Senhor na mente do homem, e permanece oculto ali até ele entrar neste estado. Hoje, o homem raramente entra neste estado, e quando entra, é por meio de tentações, tribulações e penas. Desse modo, o corporal e o mundano, ou seja, o que é *próprio* do homem, é introduzido em um estado de estupor e, por assim dizer, morte. Dessa forma, se separam as coisas do homem exterior das do homem interior. No homem interior, encontram-se as "relíquias", guardadas pelo Senhor até essa hora e para esse uso.

9. O *terceiro* estado é o do arrependimento, quando o homem, desde seu interior, fala pia e devotadamente, e realiza boas ações, como, por exemplo, obras de caridade,

cujos bens, no entanto, ainda não têm alma, porque pensa que procedem dele mesmo. Esses bens se chamam "erva verde", "erva que dá semente" e, depois, "árvore que dá fruto".

10. O *quarto* estado é aquele no qual o homem é afetado pelo amor e iluminado pela fé. Antes, com certeza, falava piamente e realizava boas ações, mas o fazia impulsionado pela tentação ou pela tribulação, sob a qual lutava, e não pela caridade e pela fé, que agora se acendem em sua mente, ou seja, no seu homem interior, e que se chamam duplas "luminares".

11. O *quinto* estado é aquele no qual o homem fala pela fé, confirmando-se na verdade e no bem. O que então produz é animado e se chama "peixes do mar" e "aves dos céus".

12. O estado *sexto* é aquele no qual, pela fé e pelo amor, fala a verdade e opera o bem. O que então produz se chama "alma viva" e "besta", e visto que começa a atuar pelo amor e pela fé, torna-se homem espiritual e se chama "imagem". Sua vida espiritual é atraída e sustentada pelas coisas próprias do conhecimento da fé e das obras de caridade, que são chamadas de seu "alimento". Sua vida natural conhece a felicidade e se compraz com as coisas do corpo e dos sentidos. O resultado disso é uma luta até que o amor predomine e o homem seja feito um homem celestial.

13. Nem todos os regenerados chegam a este estado. Atualmente, a maioria só alcança o primeiro estado; alguns, o segundo; outros, o terceiro, quarto ou quinto; poucos chegam ao sexto e quase ninguém ao sétimo estado.

O SENTIDO INTERIOR

14. No decorrer desta obra, deve-se entender pelo nome "Senhor" unicamente o Salvador do mundo Jesus Cristo, e se chamará "Senhor", sem acréscimo de outros

34   nomes. No Céu universal, Ele é reconhecido e adorado como Senhor, porque tem o poder no Céu e na terra. Ademais, pediu a seus discípulos que O chamassem assim, dizendo: "Vós me chamais Mestre e Senhor; e dizeis bem, porque eu o sou" (Jo 13.13).

E após a Sua Ressurreição, Seus discípulos O chamavam Senhor.

15. No Céu universal, não conhecem outro Pai que não o Senhor, porque Ele e o Pai são uma mesma coisa, como Ele próprio disse: "Eu sou o caminho, e a verdade, e a vida; ninguém vem ao Pai, senão por mim. [...] Disse-lhe Felipe: Senhor, mostra-nos o Pai, e isso nos basta. Respondeu-lhe Jesus: Há tanto tempo que estou convosco, e ainda não me conheces, Felipe? Quem me viu a mim, viu o Pai; como dizes tu: Mostra-nos o Pai? Não crês tu que eu estou no Pai, e que o Pai está em mim? [...] Crede-me que eu estou no Pai, e que o Pai está em mim; crede ao menos por causa das mesmas obras" (Jo 14.6,8—11).

16. (Gn 1.1) *No princípio criou Deus os céus e a terra.* "No princípio" significa no tempo mais antigo. Em vários lugares, os Profetas se referiam a ele como os "dias da antiguidade" e também os "dias da eternidade". "No princípio" envolve também o primeiro período da regeneração do homem, porque então renasce e recebe vida. Por isso, a própria regeneração se chama a "nova criação" do homem. Os termos "criar", "formar", "fazer" significam, em quase todo o Verbo profético, regenerar, mas com alguma variação na significação. Como em Isaías: "a todo aquele que é chamado pelo meu nome, e que criei para minha glória, e que formei e fiz" (Is 43.7).

E por isso o Senhor é chamado "Redentor", "Formador desde as entranhas", "Fazedor" e também "Criador", como diz o mesmo profeta: "Eu sou o Senhor, vosso Santo, o Criador de Israel, vosso Rei"(Is 43.15).

Em Davi: "que um povo que está por vir louve ao Senhor" (Sl 102.18).

E novamente: "Envias o teu sopro e eles serão criados, e assim renovas a face da terra" (Sl 104.30).

Mais adiante, se verá que "Céu" significa o homem interior e "terra" o homem exterior antes da regeneração.

17. (Gn 1.2) *A terra era sem forma e vazia; e havia trevas sobre a face do abismo, mas o Espírito de Deus pairava sobre a face das águas.* Antes de ser regenerado, o homem é chamado de "terra sem forma e vazia", e também de "campo" no qual nada do bem nem da verdade foi semeado. "Sem forma" denota carência de bem, e "vazia", carência de verdade. Disso derivam as "trevas", quer dizer, insensatez e ignorância em tudo o que se relaciona com a fé no Senhor e, em conseqüência, com toda coisa vinculada à vida espiritual e celestial. Esse homem é descrito pelo Senhor em Jeremias, como se vê a seguir: "Deveras o meu povo é insensato, já me não conhece; são filhos obtusos, e não entendidos; são sábios para fazerem o mal, mas não sabem fazer o bem. Observei a terra, e eis que era sem forma e vazia; também os céus, e não tinham a sua luz" (Jr 4.22,23).

18. A "face do abismo" significa as concupiscências do homem não regenerado e as falsidades que derivam delas; e dessas concupiscências tal homem é completamente formado, e nelas está inteiramente submerso. Nesse estado, carecendo de luz, assemelha-se a um abismo ou a uma coisa enredada, tenebrosa e confusa. Esses indivíduos são chamados, em muitos lugares do Verbo, "abismos" e "profundezas do mar", os quais devem ser "secados" ou "devastados" antes de o homem poder ser regenerado. Por exemplo, em Isaías: "Desperta como nos dias da antigüidade, como nas gerações antigas. Não és tu aquele que secou o mar, as águas do grande abismo? aquele que fez do fundo do mar um caminho, para que por ele passassem os remidos? Assim voltarão os resgatados do Senhor" (Is 51.9–11).

Esse homem, visto desde o Céu, parece uma massa preta, sem vida.

A passagem anterior envolve, em geral, a devastação, que precede a regeneração do homem, de cuja devastação falam com freqüência os Profetas; porque, antes do homem poder reconhecer a verdade e sentir-se inclinado para o bem, é necessário que sejam afastadas as coisas ou obstáculos que se opõem a sua admissão. Assim, o homem antigo deve morrer antes que o novo possa ser engendrado.

19. Por "Espírito de Deus" se entende a misericórdia do Senhor, da qual se diz que "se move" como uma galinha sobre seus ovos. As coisas sobre e que se move são aquelas que o Senhor guarda no homem, as quais, por todo Verbo, são chamadas de "relíquias", e são conhecimentos sobre a verdade e o bem, que só saem à luz quando as coisas exteriores são devastadas. Estes conhecimentos são chamados aqui de "a face das águas".

20. (Gn 1.3) *Disse Deus: Haja luz. E houve luz.* O primeiro estado é quando o homem começa a conhecer que o bem e a verdade são coisas melhores ou superiores. As pessoas inteiramente exteriores não sabem sequer o que é o bem e a verdade, porque acreditam que os bens são todas as coisas do amor de si próprio e do mundo, e que a verdade é tudo o que favorece esses amores, ignorando que esses bens são males e que essas verdades são falsas. Mas quando o homem começa a se regenerar, compreende pela primeira vez que seus bens não são bens, e, à medida que é introduzido na luz, compreende também que Ele, o Senhor, é o próprio Bem e a própria Verdade. É preciso que o homem se convença de que o Senhor é, como ensina Ele próprio em João: "Se não crerdes que eu sou, morrereis em vossos pecados" (Jo 8.24).

Na seguinte passagem, é dito que o Senhor é o próprio Bem, ou seja, a Vida, e a própria Verdade, ou seja, a Luz, e que, por conseguinte, não existe bem nem verdade que não provenha do Senhor: "No princípio era o Verbo, e o Verbo estava com Deus, e o Verbo era Deus. [...] Todas as coisas foram feitas por intermédio dele, e sem ele nada do que foi feito se fez. Nele estava a vida, e a vida era a luz dos homens; a luz resplandece nas trevas. [...] Pois a verdadeira luz, que alumia a todo homem, estava chegando ao mundo" (Jo 1.1,3–5,9).

21. (Gn 1.4,5) *Viu Deus que a luz era boa; e fez separação entre a luz e as trevas. E Deus chamou à luz dia, e às trevas noite.* A luz chama-se boa porque vem do Senhor, que é o próprio Bem. As "trevas" são o que antes da regeneração parece ser "luz" (verdades), porque, naquele momento, o homem acredita que o mal é o bem e a falsidade é a verdade. No entanto, são "trevas", e estas consistem exclusivamente de coisas da própria natureza do homem, que ainda permanecem com ele. O que é próprio do Senhor se compara ao "dia", porque é a luz, mas o que é próprio do homem se compara à "noite", porque são as trevas. Essas comparações são feitas freqüentemente no Verbo.

22. (Gn 1.5) *E foi a tarde e a manhã, o dia primeiro.* O que significa "tarde" e "manhã" pode ser assim conhecido: "tarde" quer dizer cada estado precedente, porque é um estado de sombra, ou seja, de falsidades e não de fé. "Manhã" significa cada estado que segue à sombra, porque é um estado de luz, ou, de verdades e de conhecimento de fé. Em um sentido geral, "tarde" significa tudo aquilo que é próprio do homem. Porém, o que é próprio do Senhor se chama "manhã", como em Davi: "O espírito de Javé fala por mim, sua palavra esteve na minha língua. O Deus de Jacó me falou, a Rocha de Israel me disse: Quem governa os homens com justiça e governa conforme o temor de Deus é como a luz da manhã ao nascer do sol, manhã sem nuvens depois da chuva, que faz brilhar a grama da terra" (2Sm 23.2–4).

Se "tarde" é quando não há fé e "manhã" quando há

fé, então a vinda do Senhor ao mundo se chama "manhã", e "tarde" o tempo antes de sua vinda, visto que, então, não havia fé. Assim, em Daniel lemos: "O outro respondeu: Vai durar duas mil e trezentas tardes e manhãs" (Dn 8.14).

23. O termo "manhã" se emprega no Verbo para indicar toda a vinda do Senhor, sendo, em conseqüência, um termo que envolve a nova criação, ou seja, o nascimento novo.

Nada acontece com mais freqüência no Verbo do que o uso do termo "dia" para indicar o próprio tempo, como em Isaías: "Uivai, porque o dia do Senhor está perto; [...] Pelo que farei estremecer o Céu, e a terra se moverá do seu lugar, por causa do furor do Senhor dos exércitos, e por causa do dia da sua ardente ira. [...] e os seus dias não se prolongarão" (Is 13.6,13,22).

E no mesmo profeta: "É esta, porventura, a vossa cidade alegre, cuja origem é dos dias antigos, cujos pés a levavam para longe a peregrinar? [...] Naquele dia Tiro será posta em esquecimento por setenta anos, conforme os dias dum rei" (Is 23.7,15).

O termo "dia" se emprega para indicar o tempo e o *estado* durante o tempo, como em Jeremias: "Ai de nós! que já declina o dia, que já se vão estendendo as sombras da tarde" (Jr 6.4).

E novamente: "renova os nossos dias como dantes" (Lm 5.21).

24. (Gn 1.6) *E disse Deus: Haja um firmamento no meio das águas, e haja separação entre águas e águas.* Quando o Espírito de Deus, ou seja, a misericórdia do Senhor revela o conhecimento de verdades e bens e fazendo perceber que o Senhor é o próprio bem e a própria verdade, e que não existe bem nem verdade que não provenha Dele, então faz distinção entre o homem interior e o exterior, e, em conseqüência, entre conhecimentos [*cognitiones*] que existem no homem interior e os saberes da memória [*sci-*

entifica] que pertencem ao homem exterior. O homem interior se chama "firmamento". O conhecimento no homem interior são as "águas sobre o firmamento" e os saberes na memória do homem exterior são as "águas debaixo do firmamento". Antes de sua regeneração, o homem nem sequer sabe que existe o que se chama homem interior; muito menos conhece sua natureza e qualidade. Ele acredita que seu homem interior e seu homem exterior não sejam diferentes, porque, estando submerso no corporal e mundano, submerge também nisto o que pertence a seu homem interior, fazendo de duas coisas diferentes algo confuso e tenebroso. Por isso, diz-se aqui primeiro que *haja um firmamento no meio das águas*, e depois, *haja separação entre águas e águas*, e não como nos versículos que seguem: *e fez separação entre as águas que estavam debaixo do firmamento e as águas que estavam sobre o firmamento:* "Fez, pois, Deus o firmamento, e separou as águas que estavam debaixo do firmamento das que estavam por cima do firmamento. E assim foi. Chamou Deus ao firmamento Céu" (Gn 1.7,8).

A primeira coisa que o homem experimenta no curso da sua regeneração é que começa a perceber que realmente existe o que se chama homem interior, e que este é composto dos bens e verdades que vêm unicamente do Senhor. Agora, visto que o homem exterior ainda é de uma natureza tal quando começa a regenerar, e que por sua própria virtude faz os bens que faz e fala a verdade que fala de si próprio, e visto que por ser assim ele é guiado pelo Senhor mediante esses bens e verdades como se fossem coisas da sua própria natureza, a obrar e a falar a verdade, por isso aqui se fala primeiro de uma distinção entre as águas "debaixo do firmamento", e depois entre as águas "sobre o firmamento". Ademais, é um arcano do Céu o fato de que o homem é guiado e inclinado pelo Senhor à verdade e ao bem mediante as coisas da sua própria natureza, como as falácias dos sentidos e as concupiscências, e que, por conseguinte, todo passo à frente, em geral e em particular, procede da "tarde" à "manhã", ou seja, do homem exterior ao interior, isto é, da "terra" ao "Céu". Por isso, o firmamento, ou seja, o homem interior, chama-se agora "Céu".

25. "Estender os céus e a terra" é uma maneira comum de se expressar dos Profetas quando se trata da regeneração do homem. Veja-se Isaías: "Assim diz o Senhor, teu Redentor, e que te formou desde o ventre: Eu sou o Senhor que faço todas as coisas, que sozinho estendi os céus, e espraiei a terra" (Is 44.24).

E nesta outra passagem, tratando da vinda do Senhor, diz: "A cana trilhada, não a quebrará, nem apagará o pavio que fumega; em verdade trará a justiça".[2]

Ou seja, não "quebrará" as falácias nem "apagará" as concupiscências, mas as *inclinará* ao bem e à verdade. Por isso seguem estas palavras: "Assim diz Deus, o Senhor, que criou os céus e os desenrolou, e estendeu a terra e o que dela procede; que dá a respiração ao povo que nela está, e o espírito aos que andam nela" (Is 42.5). Sem mencionar outras passagens do mesmo efeito.

26. (Gn 1.8) *E foi a tarde e a manhã, o dia segundo.* O significado de "tarde", "manhã" e "dia" foi explicado anteriormente.

27. (Gn 1.9) *E disse Deus: Ajuntem-se num só lugar as águas que estão debaixo do Céu, e apareça o elemento seco. E assim foi.* Uma vez que o homem soube que realmente existe o homem interior e o exterior, e que as verdades e bens, que procedem do Senhor, influenciam o homem interior e, por meio deste, o homem exterior, embora não pareça ser assim, então a verdade e os bens, ou seja, conhecimentos referentes aos mesmos existentes no homem que se está regenerando, são armazenados na sua memória e classificados entre seus saberes [*scientifica*],

---

[2] Is 42.3 (N. do T.)

porque tudo quanto é insinuado na memória do homem exterior, seja de índole natural, seja de índole espiritual ou celestial, permanece ali como saberes [*scientificum*], sendo depois retirado pelo Senhor. O conjunto destes saberes são as "águas juntadas em algum lugar" e se chama "mar", mas o homem exterior se chama "porção seca" e depois "terra".

28. (Gn 1.10) *Chamou Deus ao elemento seco terra, e ao ajuntamento das águas mares. E viu Deus que isso era bom.* É muito comum que, no Verbo, as "águas" signifiquem conhecimentos e saberes [*cognitiones et scientifica*] e, por conseguinte, que "mar" signifique um conjunto deles, como em Isaías: "a terra se encherá do conhecimento do Senhor, como as águas cobrem o mar" (Is 11.9).

O mesmo Profeta, ao falar da carência de conhecimento e saberes [*cognitiorum et scientificorum*], diz: "As águas do Nilo minguarão, e o rio se esgotará e secará. Também os rios exalarão um fedor" (Is 19.5,6).

Ao se falar de uma nova Igreja, em Ageu encontramos: "e abalarei os céus e a terra, o mar e a terra seca. Abalarei todas as nações; e as coisas preciosas de todas as nações virão, e encherei de glória esta casa" (Ag 2.6,7).

E em Zacarias, falando do homem, em seu processo de regeneração: "Porém será um dia conhecido do Senhor; nem dia nem noite será; mas até na parte da tarde haverá luz. [...] Naquele dia também acontecerá que correrão de Jerusalém águas vivas, metade delas para o mar oriental, e metade delas para o mar ocidental" (Zc 14.7,8).

Também em Davi, descrevendo um homem devastado que se regenerá e adorará o Senhor: "Porque o Senhor ouve os necessitados, e não despreza os seus, embora sejam prisioneiros. [...] Louvem-no os céus e a terra, os mares e tudo quanto neles se move" (Sl 69.33,34).

"Terra" significa recipiente, como consta em Zacarias: "A palavra do Senhor acerca de Israel: Fala o Senhor, o que estendeu o Céu, e que lançou os alicerces da terra e que formou o espírito do homem dentro dele" (Zc 12.1).

29. (Gn 1.11,12) *E disse Deus: Produza a terra relva, ervas que dêem semente, e árvores frutíferas que, segundo as suas espécies, dêem fruto que tenha em si a sua semente, sobre a terra. E assim foi. A terra, pois, produziu relva, ervas que davam semente segundo as suas espécies, e árvores que davam fruto que tinha em si a sua semente, segundo as suas espécies. E viu Deus que isso era bom.* Quando a "terra", ou seja, o homem, for assim preparado para receber do Senhor a semente celestial e para produzir algum bem e alguma verdade, então o Senhor fará brotar, primeiro, uma coisa tenra que se chama "erva verde", depois uma coisa de mais utilidade, a qual, por sua vez, levará semente dentro de si, e se chama "erva que dá semente", e finalmente, fará brotar certo bem frutífero que se chama "árvore que dá fruto, cuja semente está nele", cada coisa segundo seu gênero. O homem que passa pela regeneração tem, no princípio, um caráter que o faz supor que o bem que faz e a verdade que fala vêm dele próprio, quando, na verdade, todo bem e toda verdade vêm do Senhor. Enquanto imaginar que o bem e a verdade vêm de si próprio, não terá em si a verdadeira fé, mas poderá recebê-la mais tarde. No começo, ele não pode acreditar que o bem e a verdade provêm do Senhor, porque se encontra num estado de preparação para receber a vida da fé. Este estado é aqui representado por coisas inanimadas, e o seguinte, que é a vida da fé, por animadas. O Senhor é quem semeia; a "semente" é a Sua Palavra, e a "terra" é o homem, como Ele mesmo declara em Mt 13.19–24,37–39; Mc 4.14–21; Lc 8.11–16, e também na seguinte comparação: "O reino de Deus é assim como se um homem lançasse semente à terra, e dormisse e se levantasse de noite e de dia, e a semente brotasse e crescesse, sem ele saber como. A terra por si mesma produz fruto, primeiro a erva, depois a espiga, e por último o grão cheio na espiga" (Mc 4.26–28).

Em sentido universal, o "Reino de Deus" significa o Céu universal. Em um sentido menos universal, significa a verdadeira Igreja do Senhor, e, em sentido particular, significa tudo o que se encontra na verdadeira fé, ou seja, todo aquele que é regenerado mediante uma vida segundo a fé. Por isso, uma pessoa assim se chama também "Céu", porque o Céu se acha nessa pessoa, e também se chama "Reino de Deus", porque o Reino de Deus está nela, como ensina o Senhor em Lucas: "Os fariseus perguntaram a Jesus sobre o momento em que chegaria o Reino de Deus. Jesus respondeu: O Reino de Deus não virá ostensivamente. Nem se poderá dizer: Ei-lo aqui! ou: Ei-lo ali! pois o Reino de Deus está dentro de vós" (Lc 17.21).

Por ordem sucessiva, este é o terceiro estado da regeneração do homem, e é seu estado de arrependimento, e, como os anteriores, vem da sombra à luz ou da "tarde" à "manhã", razão pela qual se diz: "E foi a tarde e a manhã, o dia terceiro" (Gn 1.13).

30. (Gn 1.14–17) *E disse Deus: Haja luminares no firmamento do Céu, para fazerem separação entre o dia e a noite; sejam eles para sinais e para estações, e para dias e anos; e sirvam de luminares no firmamento do Céu, para alumiar a terra. E assim foi. Deus, pois, fez os dois grandes luminares: o luminar maior para governar o dia, e o luminar menor para governar a noite; fez também as estrelas. E Deus os pôs no firmamento do Céu para alumiar a terra...*

31. O que se quer dizer com "grandes luminares" não pode ser bem compreendido se não se souber o que é a essência da fé e seu progresso naqueles que se estão regenerando. A essência, ou seja, a vida da fé, é unicamente o Senhor, porque quem não acredita nele não pode ter vida, como declara o próprio Senhor em João: "Quem crê nele não é julgado; mas quem não crê, já está julgado; porquanto não crê no nome do unigênito Filho de Deus" (Jo 3.18).

44 O progresso da fé naqueles que se estão regenerando é como agora se descreve. No começo, não têm vida, porque somente no bom e verdadeiro há vida e não no mal e no falso. Depois, recebem vida do Senhor, primeiro pela fé da memória, cuja fé consta de meros saberes [*fides scientifica*] e logo pela fé do entendimento, que é a fé intelectual, e, finalmente, pela fé do coração, que é a fé do amor e a fé salvadora. As primeiras duas classes de fé estão representadas em Gn 5 e 15 por coisas inanimadas, mas a fé vivificada pelo amor é representada em Gn 20—25 por coisas animadas. Por isso, trata-se agora do amor e da fé derivados do próprio amor, sendo chamados de luminares: o amor, o luminar maior, que governa o dia; e a fé, derivada do amor, o luminar menor, que governa a noite; e como esses dois luminares devem formar um só, ao se referir a eles, fala-se no singular: "seja" [*sit luminaria*] e não sejam, no plural [*sint luminaria*]. O amor e a fé no homem interior são como o calor e a luz no homem exterior ou corporal, sendo aqueles representados por estes. Por isso, diz-se que os luminares são postos "no firmamento dos céus", ou seja, no homem interior, o luminar maior na vontade e o menor no entendimento, mas na vontade e no entendimento ele se manifestam de maneira parecida ao calor e à luz do sol nos objetos ou nas formas recipientes. No entanto, é unicamente a misericórdia do Senhor que afeta, assim, a vontade com amor e o entendimento com luz, ou seja, com fé.

Nos Profetas, como em Ezequiel, consta que "os grandes luminares" significam o amor e a fé, e que eles também se chamam "sol, lua e estrelas": "E, apagando-te eu, cobrirei o Céu, e enegrecerei as suas estrelas; ao sol encobrirei com uma nuvem, e a lua não dará a sua luz. Todas as brilhantes luzes do Céu, eu as enegrecerei sobre ti, e trarei trevas sobre a tua terra, diz o Senhor Deus" (Ez 32.7,8).

Esta passagem trata do faraó e dos egípcios, os quais,

no Verbo, representam a sensualidade e os saberes exteriores [*sensuale et scientificum*], e aqui significam que essas coisas [*sensuali et scientifica*] extinguiram o amor e a fé.

Da mesma maneira, em Isaías: "Eis que o dia do Senhor vem, horrendo, com furor e ira ardente, para pôr a terra em assolação e para destruir do meio dela os seus pecadores. Pois as estrelas do Céu e as suas constelações não deixarão brilhar a sua luz; o sol se escurecerá ao nascer, e a lua não fará resplandecer a sua luz" (Is 13.9,10).

Também em Joel: "Porque vem vindo o dia do Senhor; já está perto; dia de trevas e de escuridão, dia de nuvens e de negrume! [...] Diante deles a terra se abala; tremem os céus; o sol e a lua escurecem, e as estrelas retiram o seu resplendor" (Jl 2.1,2,10).

E em Isaías, falando da vinda do Senhor e da iluminação dos gentios, e, por conseguinte, de uma nova Igreja, e, em particular, de todo aquele que se encontra na escuridão e recebe luz, sendo assim regenerado: "Levanta-te, resplandece, porque é chegada a tua luz, e é nascida sobre ti a glória do Senhor. [...] E nações caminharão para a tua luz, e reis para o resplendor da tua aurora. [...] Nunca mais se porá o teu sol, nem a tua lua minguará, porque o Senhor será a tua luz perpétua" (Is 60.1,3,20).

Também, em Davi: "Àquele que com entendimento fez os céus, porque a sua benignidade dura para sempre; Àquele que estendeu a terra sobre as águas, porque a sua benignidade dura para sempre; Àquele que fez os grandes luminares, porque a sua benignidade dura para sempre; o sol para governar de dia, porque a sua benignidade dura para sempre; a lua e as estrelas para presidirem a noite, porque a sua benignidade dura para sempre" (Sl 136.5–9).

E novamente: "Louvai-o, sol e lua; louvai-o, todas as estrelas luzentes! Louvai-o, céus dos céus, e as águas que estão sobre os céus!" (Sl 148.3,4).

Em todas essas passagens, "luminares" significa amor

e fé. Isso porque "luminar" representa e significa o amor e a fé do Senhor, na igreja judaica, pois, por determinação, mantinha-se ardendo um perpétuo luminar da tarde à manhã, porque qualquer preceito daquela Igreja representava o Senhor. Sobre esse luminar, lemos: "Ordenarás aos filhos de Israel que te tragam azeite puro de oliveiras, batido, para o candeeiro, para manter uma lâmpada acesa continuamente. Na tenda da revelação, fora do véu que está diante do testemunho, Arão e seus filhos a conservarão em ordem, desde a tarde até pela manhã, perante o Senhor" (Ex 27.20,21).

Que essas coisas significam o amor e a fé, que o Senhor acende e faz resplandecer no homem interior e, por meio deste, no homem exterior, demonstrar-se-á no lugar correspondente, mediante a divina misericórdia do Senhor.

32. O amor e a fé chamam-se, primeiro, "grandes luminares"; depois, o amor se chama o "luminar maior" e a fé o "luminar menor". Do amor, diz-se que deve "governar o dia" e que a fé deve "governar a noite". Estes são arcanos que, especialmente no final dos dias atuais, se encontram muito ocultos; mas, graças à Divina misericórdia do Senhor, é-me permitido explicá-los. Esses arcanos se encontram singularmente ocultos neste final dos dias porque atualmente nos achamos na consumação do século, quando quase não resta amor, e, por isso, quase não resta fé, como o próprio Senhor predisse nos evangelistas com estas palavras: "Logo depois da tribulação daqueles dias, escurecerá o sol, e a lua não dará a sua luz; as estrelas cairão do Céu e os poderes dos céus serão abalados" (Mt 24.29).

O "sol" significa aqui o amor que se escurece; a "lua" significa a fé que não ilumina, e as "estrelas" são conhecimentos referentes à fé, que caem "do Céu" e que são as forças e virtudes dos céus. A *Antiga Igreja Primitiva* não conhecia outra fé que não fosse o próprio amor, e, da mesma forma, os anjos celestiais ignoram o que é a fé, exceto aquela que procede do amor. O Céu universal é um Céu de amor, porque nos céus não há outra vida que não a vida do amor. Do amor vem toda a felicidade celestial, a qual é tão grande que nada nela admite descrição, nem pode ser nunca concebida por idéia humana. Aqueles que se encontram sob a influência do amor divino amam o Senhor de coração, mas, ao mesmo tempo, sabem, afirmam e percebem que todo o amor e, em conseqüência, toda a vida (porque a vida provém exclusivamente do amor) e assim, pois, toda a felicidade vêm única e exclusivamente do Senhor e que eles, por si só, não têm nem um amor, nem a mais ínfima vida ou felicidade. Que todo amor provém do Senhor foi representado na transfiguração do Senhor pelo "grande luminar", ou seja, pelo "sol", porque lemos: "Seu rosto resplandeceu como o sol, e as suas vestes tornaram-se brancas como a luz" (Mt 17.2).

O rosto representa e significa as coisas íntimas, e os vestidos suas derivações. Assim, na transfiguração, o "sol", ou seja, o amor, representava e significava o divino do Senhor, e a luz, ou seja, a sabedoria, derivava do amor e representava o Humano dele.

33. Todo ser humano pode se convencer positivamente de que sem amor a vida é completamente impossível, e que não existe nem pode existir prazer algum que não advenha do amor. Mas assim como é o amor, assim é a vida e assim é o prazer. Se afastasses os amores, ou os desejos, que é a mesma coisa, pois estes derivam do amor, teu pensamento cessaria imediatamente de funcionar e ficarias como morto, fato que conheço por experiência própria. Os amores egoístas e mundanos apresentam uma aparência de vida, de prazer, mas ao serem comparados ao amor verdadeiro, que consiste em amar o Senhor sobre todas as coisas e o próximo como a si próprio, é evidente que não são amores, mas ódios, porque à medida que alguém ama a si próprio e ao mundo, odeia seu próximo e, em conseqüência, odeia o Senhor. O verdadeiro amor,

então, consiste em amar o Senhor e a verdadeira vida é a vida deste amor procedente Dele, sendo o verdadeiro prazer o prazer de tal vida. Não pode existir mais do que um amor verdadeiro e, por conseguinte, uma só vida verdadeira, da qual fluem o verdadeiro prazer e a verdadeira felicidade, como a que possuem os anjos do Céu.

34. O amor e a fé não admitem separação, porque constituem uma só coisa. Por isso, ao mencionar pela primeira vez os "luminares", consideram-se como um, e se diz: "Hajam luminares [sit luminaria] no firmamento dos céus". A respeito desta circunstância, me é permitido referir o que é maravilhoso: por virtude do amor celestial, em que se encontram pelo Senhor, os anjos possuem todo o conhecimento pertencente à fé, e se acha numa vida e numa luz de inteligência tais que é quase impossível descrever até mesmo uma pequena parte delas. Por outro lado, os espíritos, que possuem conhecimentos doutrinais da fé e que carecem do amor, encontram-se em tanta frieza de vida e em tanta escuridão que nem sequer podem se aproximar do umbral do átrio dos céus, mas recuam fugindo. Alguns deles dizem que acreditaram no Senhor, mesmo sem terem vivido segundo Seus preceitos. Assim consta em Mateus: "Nem todo aquele que me diz: Senhor, Senhor! entrará no reino dos céus, mas aquele que faz a vontade de meu Pai, que está nos céus. Muitos me dirão naquele dia: Senhor, Senhor, não profetizamos nós em teu nome?" (Mt 7.21,22).

Graças a isto, consta que aqueles que se encontram no amor encontram-se também na fé; mas não aqueles que dizem que se encontram na fé e, não obstante, não se encontram na vida do amor. A vida da fé sem o amor é como a luz do sol sem seu calor no inverno; quando nada cresce, mas quando toda a vegetação se encontra quase morta, submersa num letargo. A fé, que procede do amor, é como a luz do sol na primavera, quando toda a vegetação cresce e floresce por causa do calor vivificante do sol.

O mesmo acontece com as coisas espirituais e celestiais. Estas são convenientemente representadas no Verbo pelas coisas que existem no mundo e na superfície da terra. O Senhor também compara a falta de fé e a fé sem amor com o inverno, numa passagem de Marcos em que fala da consumação do século: "Orai, pois, para que isto não suceda no inverno; porque naqueles dias haverá uma tribulação tal qual nunca houve desde o princípio da criação" (Mc 13.18,19).

"Fuga" quer dizer o derradeiro do tempo, como também o derradeiro de cada homem que morre. "Inverno" é a vida destituída de amor. "Dias de tribulação" é seu estado lamentável na outra vida.

35. O homem tem duas faculdades: vontade e entendimento. Quando o entendimento é governado pela vontade, juntos constituem uma mente e, por conseguinte, uma vida, porque o homem pensa e tem como objetivo aquilo que ele deseja e faz. Mas quando o entendimento difere da vontade (como acontece com aqueles que dizem que têm fé e, no entanto, vivem contrariamente à fé), então a mente, que deve ser uma, é dividida em duas partes: a primeira quer se elevar ao Céu, enquanto a segunda se inclina ao inferno. E como a vontade inicia e determina todo ato e obra, o homem se precipitaria de cabeça ao inferno, se não fosse pela intercessão do Senhor, que tem misericórdia dele.

36. Aqueles que separaram a fé do amor nem sequer sabem o que é a fé. Pensando na fé, alguns imaginam que é o mero pensar; outros imaginam que é dirigir o pensamento ao Senhor. Poucos sabem o que é a *doutrina da fé*. Mas a fé não é simplesmente conhecer aquilo que é manifestado e estabelecido na doutrina da fé, mas sobretudo, obedecer ao que a doutrina ensina e preceitua, e a primeira coisa que se ensina ao homem para que O obedeça é amar ao Senhor e ao próximo, porque se o homem não se encontra nesses amores, não se encontra na fé. O

50 | Senhor ensina isso tão claramente que não cabe nenhuma dúvida a esse respeito. Em Marcos, diz-se: "O primeiro é: Ouve, Israel, o Senhor nosso Deus é o único Senhor. Amarás, pois, ao Senhor teu Deus de todo o teu coração, de toda a tua alma, de todo o teu entendimento e de todas as tuas forças. E o segundo é este: Amarás ao teu próximo como a ti mesmo. Não há outro mandamento maior do que esses" (Mc 12.29–31).

Em Mateus, o Senhor chama o primeiro destes "o grande e primeiro mandamento" (Mt 22.38) e diz: "Destes dois mandamentos dependem toda a lei e os profetas" (Mt 22.37). A "lei e os Profetas" é a doutrina universal da fé e do Verbo inteiro.

37. Diz-se que os luminares indicarão sinais e estações e dias e anos. Essas palavras envolvem mais arcanos dos que por ora é possível explicar, embora nada disso se perceba no sentido literal. Somente se pode dizer que, no âmbito espiritual e celestial, verificam-se mutações ou mudanças que se comparam com as variações sucessivas dos dias e anos. As variações diurnas são o progresso do dia, da manhã ao meio-dia, do meio-dia à tarde, e, depois da noite, outra vez à manhã. As variações do ano são parecidas: a progressão de primavera a verão, de verão a outono, e de outono a inverno e novamente à primavera. Disso derivam modificações na cor e na luz e variações na produção da terra. A essas mudanças se comparam as mutações que se verificam nas coisas espirituais e celestiais. Sem essas mutações e variações, a vida seria monótona, ou, na verdade, não haveria vida. Também não se poderiam distinguir o bem e a verdade, e muito menos poderiam ser percebidos. Essas mutações se chamam, nos Profetas, "estatutos" ou "leis", como em Jeremias: "Assim diz o Senhor, que dá o sol para luz do dia, e a ordem estabelecida da lua e das estrelas para luz da noite" (Jr 31.35).

E o mesmo Profeta: "Se o meu pacto com o dia e com

a noite não permanecer, e se eu não tiver determinado as ordenanças dos céus e da terra" (Jr 33.25).

38. (Gn 1.18) *para governar o dia e a noite, e para fazer separação entre a luz e as trevas. E viu Deus que isso era bom.* "Dia" significa o bem; "noite", o mal. Por isso, as boas obras se chamam obras do dia, mas as obras más se chamam obras da noite. "Luz" significa verdades e "trevas" significa falsidades, o que também é dito pelo Senhor: "A luz veio ao mundo, e os homens amaram antes as trevas que a luz, porque as suas obras eram más. [...] Mas quem pratica a verdade vem para a luz" (Jo 3.19,21).

(Gn 1.19) *E foi a tarde e a manhã, o dia quarto.*

39. (Gn 1.20) *E disse Deus: Produzam as águas cardumes de seres viventes; e voem as aves acima da terra no firmamento do Céu.* Depois de acesos os grandes luminares e após terem sido colocados no homem interior, recebendo luz também deles o homem exterior, então o homem começa realmente a viver. Antes, praticamente não se pode dizer que viveu, porque se supunha que por sua própria virtude fazia o bem que fazia e que por sua própria faculdade pensava a verdade que falava, e sendo assim, o homem em si próprio e por si próprio é morto, não havendo nele mais que maldade e falsidade, por isso nada que proceda dele tem vida, e não pode fazer um bem que realmente seja um bem. Graças à doutrina da fé do Verbo, fica claro para todos que o homem não pode nem sequer pensar o que é bom, e muito menos obrar o que é bom, exceto pelo Senhor, porque o próprio Senhor disse em Mateus: "O que semeia a boa semente é o Filho do homem" (Mt 13.37).

Tampouco pode advir algum bem que não seja da Fonte do bem, que é única, como diz o Senhor em outro lugar. "Ninguém é bom, senão um, que é Deus" (Lc 18.19).

Não obstante, quando o Senhor ressuscita o homem para a vida, ou seja, quando o regenera, permite-lhe supor no começo que faz o bem e que fala a verdade por virtude própria, porque, enquanto se encontra nesse estado, é incapaz de concebê-lo de outra forma, nem pode de outra maneira ser induzido a crer e depois a perceber, pois todo bem e toda verdade provêm unicamente do Senhor. Enquanto o homem pensar dessa forma, suas verdades e bens se comparam à "erva verde", à "erva que dá semente" e, finalmente, à "árvore que dá fruto", cujas coisas são todas sem alma, mas agora, vivificado pelo amor e pela fé, e convencido de que o Senhor é a causa de todo bem que obra e de toda a verdade que fala, é comparado aos "cardumes de seres viventes", e às "aves que voam acima da terra no firmamento do céu", e também a "animais", cujas coisas são todas animadas e se chamam "seres vivente".

40. "Cardumes de seres viventes" significa os saberes da memória [*scientifica*] pertencentes ao homem exterior. "Aves", em geral, significa as coisas racionais e intelectuais, pertencendo estas ao homem interior. Que os "seres viventes" que se arrastam produzidos pelas águas, ou seja, os peixes, signifique os saberes da memória consta em Isaías: "Por que razão, quando eu vim, ninguém apareceu? [...] Eis que com a minha repreensão faço secar o mar, e torno os rios em deserto; cheiram mal os seus peixes, pois não há água, e morrem de sede: Eu visto os céus de negridão, e lhes ponho cilício por sua cobertura" (Is 50.2,3). Ainda mais claramente consta em Ezequiel, onde o Senhor descreve o novo templo, ou uma nova Igreja em geral, e o homem da igreja, ou seja, o homem regenerado, porque todo aquele que é regenerado é um templo do Senhor: "Então me disse: Estas águas saem para a região oriental e, descendo pela Arabá, entrarão no Mar Morto, e ao entrarem nas águas salgadas, estas se tornarão saudáveis. E por onde quer que entrar o rio viverá todo ser vivente que vive em enxames, e haverá muitíssimo peixe; porque lá chegarão estas águas, para que as águas do mar se tornem doces, e viverá tudo por onde quer que entrar este rio. Os pescadores estarão junto

dele; desde En-Gedi até En-Eglaim, haverá lugar para estender as redes; o seu peixe será, segundo a sua espécie, como o peixe do Mar Grande, em multidão excessiva" (Ez 47.8–10).

"Os pescadores estarão junto dele; desde En-Gedi até En-Eglaim" significa aqueles que instruirão o homem natural nas verdade da fé.

Que "aves" significam as coisas racionais e intelectuais consta nos Profetas, como em Isaías: "Chamando do oriente uma ave de rapina, e dum país remoto o homem do meu conselho" (Is 46.11).

E em Jeremias: "Observei e eis que não havia homem algum, e todas as aves do Céu tinham fugido" (Jr 4.25).

Em Ezequiel: "Também eu tomarei um broto do topo do cedro, e o plantarei; do principal dos seus renovos cortarei o mais tenro, e o plantarei sobre um monte alto e sublime" (Ez 17.22,23).

E em Oséias, falando de uma nova igreja, ou seja, um homem regenerado: "Naquele dia farei por eles aliança com as feras do campo, e com as aves do Céu, e com os répteis da terra" (Os 2.18).

Pode ser claro para todos que "feras" não significa bestas, nem "aves", aves, pois se diz que o Senhor fará uma "aliança" com elas.

41. Tudo aquilo que é próprio do homem não tem vida em si, e quando aquilo é manifestado em forma visível, apresenta o aspecto de uma substância dura, ossificada e preta. Mas o que pertence ao Senhor tem vida, porque envolve em seu seio coisas espirituais e celestiais, as que, ao serem apresentadas em forma visível, têm um aspecto humano e vivo. Pode parecer incrível, mas é verdade que cada expansão e cada idéia por si, e até cada detalhe do pensamento de um anjo-espírito têm vida, porque ainda em suas mínimas partículas estes encerram uma inclinação que procede do Senhor, que é a própria vida. Todas

as coisas que procedem do Senhor têm, então, vida em si por envolver fé nele, e aqui se designa com o termo "ser vivente". Têm também uma espécie de corpo, indicado aqui por "répteis". Mas estas verdades são ainda profundos arcanos para o homem, e aqui são mencionados só por se tratarem de "ser vivente" e de "cardumes".

42. (Gn 1.21) *Criou, pois, Deus os monstros marinhos, e todos os seres viventes que se arrastavam, os quais as águas produziram abundantemente segundo as suas espécies; e toda ave que voa, segundo a sua espécie. E viu Deus que isso era bom.* Como já dissemos, "peixe" significa todos os saberes da memória, animados pela fé no Senhor, e, por esse motivo, viventes. "Monstros marinhos" significa seus princípios gerais, sob cujos patrocínios e por cuja mediação existem os particulares. Não existe nada no universo que não provenha de algum princípio geral, que é seu meio de existência e de subsistência. "Monstros marinhos" ou grandes peixes são mencionados às vezes nos Profetas, e significam o geral dos saberes da memória. faraó, rei de Egito (que significa a ciência, ou seja, os saberes em geral), se chama "grande baleia", como em Ezequiel: "Eis-me contra ti, ó faraó, rei do Egito, grande dragão, que pousas no meio dos teus rios, e que dizes: O meu rio é meu, e eu o fiz para mim" (Ez 29.3).

E em outra parte: "Entoe uma lamentação contra o faraó, rei do Egito, dizendo: Você é como a baleia nos mares e você turvou as águas com as patas" (Ez 32.2), significando assim aqueles que desejam penetrar nos mistérios da fé mediante os saberes da memória e, por conseguinte, mediante si próprios.

Em Isaías: "Nesse dia, com sua espada dura, grande e forte, Javé castigará Leviatã, serpente escorregadia, Leviatã, serpente tortuosa, e matará as baleias que estão no mar" (Is 27.1).

"Matar as baleias que estão no mar" significa que as

ditas pessoas ignorarão a verdade até em seus princípios gerais.

Também em Jeremias: "Nabucodonozor, rei de Babilônia, devorou-me, esmagou-me, fez de mim um vaso vazio, qual monstro tragou-me, encheu o seu ventre do que eu tinha de delicioso; lançou-me fora".[3]

Indica-se que havia devorado o conhecimento da fé, chamado "delicadezas", como a baleia engoliu Jonas, e se entende por "baleia" aqueles que possuem os princípios gerais do conhecimento da fé na forma de meros saberes da memória e que obra da maneira indicada.

43. (Gn 1.22) *Então Deus os abençoou, dizendo: Frutificai e multiplicai-vos, e enchei as águas dos mares; e multipliquem-se as aves sobre a terra.* Tudo aquilo que em seu seio envolva vida do Senhor frutifica e se multiplica imensamente, não tanto durante a vida do homem em seu corpo, mas sim, e de maneira inacreditável, na outra vida. No Verbo, "frutificar" se refere àquilo que pertence à fé. O fruto, que procede do amor, envolve a semente pela qual se multiplica. A bênção do Senhor envolve também frutificação e multiplicação, porque estas provêm dela.

(Gn 1.23) *E foi a tarde e a manhã, o dia quinto.*

44. (Gn 1.24,25) *E disse Deus: Produza a terra seres viventes segundo as suas espécies: animais domésticos, répteis, e animais selvagens segundo as suas espécies. E assim foi. Deus, pois, fez os animais selvagens segundo as suas espécies, e os animais domésticos segundo as suas espécies, e todos os répteis da terra segundo as suas espécies. E viu Deus que isso era bom.* O homem, como a terra, não pode produzir bem algum se antes não forem semeados nele o conhecimento da fé, que lhe permite saber o que acreditará e o que fará. Ouvir o Verbo é tarefa do entendimento, e fazê-lo é ofício da vontade. Ouvir o Verbo e não fazê-lo

[3] Jr 51.34 (N. do T.)

é como quem diz que acredita, mas não vive conforme a sua crença. Neste caso, separa ouvir de fazer e tem uma mente dividida, pertencendo assim àqueles que o Senhor chama "insensatos" na seguinte passagem: "Todo aquele, pois, que ouve estas minhas palavras e as põe em prática será comparado a um homem prudente, que edificou a casa sobre a rocha. [...] Mas todo aquele que ouve estas minhas palavras e não as põe em prática será comparado a um homem insensato, que edificou a sua casa sobre a areia" (Mt 7.24,26).

As coisas que pertencem ao entendimento são, como já foi dito, designadas como "o que se move arrastando" e também como "aves sobre a terra e sobre o firmamento", mas aquelas que pertencem à vontade são designadas como "almas viventes produzidas pela terra", por "besta", por "o que se arrasta" e por "animal selvagem da terra".

45. Os que viviam no tempo mais antigo designavam desta forma as coisas do entendimento e as da vontade. Por tal motivo, nos profetas e, em geral, em todo o Antigo Testamento, estas coisas são expostas de maneira representativa na figura dos animais de diferentes classes. Os animais são, no geral, de duas classes: os maus, chamados assim por provocarem dano, e os bons, que são inofensivos. Animais maus são, por exemplo, os ursos, lobos, cães, que significam males para o homem; e animais bons são bezerros, ovelhas, cordeiros, de inclinações boas e afetuosas. Os animais indicados são bons ou mansos, o que significa boas inclinações, porque se trata daqueles que serão regenerados. As inclinações inferiores do homem, aquelas que mais indiretamente comunicam com o corpo, se chamam "animais selvagens da terra" e são as concupiscências e os prazeres.

46. Que "animais" significa "inclinações" no homem – más inclinações nos maus e boas nos bons – consta em numerosas passagens do Verbo, como em Ezequiel: "Pois eis que eu estou convosco, e eu me voltarei para vós, e

sereis lavrados e semeados. [...] Também sobre vós multiplicarei homens e animais, e eles se multiplicarão, e frutificarão. E farei que sejais habitados como dantes, e vos tratarei melhor do que nos vossos princípios. Então sabereis que eu sou o Senhor" (Ez 36.9,11).

Em Joel: "Não temais, animais do campo; porque os pastos do deserto já reverdecem" (Jl 2.22).

Também em Davi: "Estava embrutecido, e nada sabia; era como animal diante de ti" (Sm 73.22).

Em Jeremias, falando da regeneração: "Eis que os dias vêm, diz o Senhor, em que semearei de homens e de animais a casa de Israel e a casa de Judá. E será que, como vigiei sobre eles para arrancar e derribar, para transtornar, destruir e afligir, assim vigiarei sobre eles para edificar e para plantar" (Jr 31.27,28).

Uma significação parecida possui o termo "feras" em Oséias: "Naquele dia farei por eles aliança com as feras do campo, e com as aves do Céu, e com os répteis da terra" (Os 2.20).

Em Jó: "Da assolação e da fome te rirás, e dos animais da terra não terás medo. Pois até com as pedras do campo terás a tua aliança, e as feras do campo estarão em paz contigo" (Jó 5.22,23).

Em Ezequiel: "Farei com elas um pacto de paz; e removerei da terra os animais ruins, de sorte que elas habitarão em segurança no deserto e dormirão nos bosques" (Ez 34.25).

Em Isaías: "Os animais do campo me honrarão, os chacais e os avestruzes; porque porei águas no deserto" (Is 43.20).

Em Ezequiel: "Todas as aves do Céu se aninhavam nos seus ramos; e todos os animais do campo geravam debaixo dos seus ramos; e à sua sombra habitavam todos os grandes povos" (Ez 31.6).

Isto se diz do "assírio", que significa o homem espiritual e é comparado com o horto do Éden.

Em Davi: "Louvai-o, todos os seus anjos; louvai-o, todas as suas hostes! [...] Louvai ao Senhor desde a terra, vós, monstros marinhos e todos os abismos; [...] montes e todos os outeiros; árvores frutíferas e todos os cedros; feras e todo o gado; répteis e aves voadoras" (Sl 148.2,7,9,10).

Aqui se mencionam as mesmas coisas: monstros marinhos, árvores frutíferas, feras, bestas, répteis e aves, que, se não fossem princípios vivos no homem, não poderiam ser convidados a glorificar a Javé. Os Profetas distinguem cuidadosamente entre "besta" e "animal selvagem da terra" e "besta" e "animal selvagem do campo". Mas, em geral, chamam-se "bestas" os bens no homem, assim como se chamam "animais" aqueles que estão mais perto do Senhor no Céu, tanto em Ezequiel quanto em João. "E todos os anjos estavam em pé ao redor do trono e dos anciãos e dos quatro seres viventes, e prostraram-se diante do trono sobre seus rostos, e adoraram a Deus" (Ap 7.11).

Da mesma forma, chamam-se "criaturas" aqueles por quem o Evangelho deve ser difundido, porque serão regenerados. "E disse-lhes: Ide por todo o mundo, e pregai o evangelho a toda criatura" (Mc 16.15).

47. Que as palavras "besta" e "animal selvagem" contêm arcanos relacionados com a regeneração pode-se constatar também pelo fato de que no versículo precedente (Gn 1.24) se diz que a terra produziria "alma vivente", "besta" e "animal selvagem da terra", enquanto no versículo seguinte a ordem é inversa, dizendo que Deus fez o "animal selvagem da terra" e depois a "besta"; e o motivo desta inversão é que o homem, ao começar sua regeneração e também durante a progressão em que se torna homem celestial, produz os bens como se os produzisse por vontade própria, começando assim a regeneração no homem exterior e procedendo em direção ao interior. Assim, a ordem muda no versículo seguinte, começando pelas coisas exteriores.

48. Por tudo isto, consta que o homem se encontra no

quinto estado da sua regeneração quando fala pelo princípio da fé do entendimento, confirmando-se assim no que é bom e verdadeiro. O que então produz é animado e se chama "peixes do mar" e "aves do Céu".

Acha-se no sexto Céu quando, pela fé do entendimento e pelo amor da vontade derivado desta, fala a verdade e obra o bem. O que então produz se chama "alma vivente" e "besta" e devido a que então começa a obrar por amor e pela fé, torna-se homem espiritual e é chamado "imagem de Deus", como agora se verá.

49. (Gn 1.26) *E disse Deus: Façamos o homem à nossa imagem, conforme a nossa semelhança; domine ele sobre os peixes do mar, sobre as aves do Céu, sobre os animais domésticos, e sobre toda a terra, e sobre todo réptil que se arrasta sobre a terra.* A *Igreja mais antiga*, com cujos fiéis o Senhor falava cara a cara, se manifestava em forma de Homem. Mais tarde falaremos sobre este aspecto. Por este motivo, não chamavam de homem a ninguém, mas só ao Senhor e a tudo que procedia dele. Tampouco se chamavam homens eles próprios, mas só as coisas do seu interior, como o bem do amor e a verdade da fé, aquelas que se percebiam como propriedade do Senhor. "Estas coisas", diziam, "eram do Homem", porque eram do Senhor. Por isso, os termos "Homem" e "Filho do Homem" nos Profetas significam no sentido supremo, o Senhor, e, no sentido interior, significam sabedoria e inteligência, ou seja, todo homem regenerado.

Como em Jeremias: "Observei a terra, e eis que era sem forma e vazia; também os céus, e não tinham a sua luz. [...] Observei e eis que não havia homem algum, e todas as aves do Céu tinham fugido" (Jr 4.23,25).

Em Isaías, onde no sentido interior "homem" quer dizer a pessoa regenerada, e no sentido supremo quer dizer o próprio Senhor como o único e só Homem: "Assim diz o Senhor, o Santo de Israel, aquele que o formou: Perguntai-me as coisas futuras; demandai-me acerca de meus filhos, e acerca da obra das minhas mãos. Eu é que fiz a terra, e nela criei o homem; as minhas mãos estenderam os céus, e a todo o seu exército dei as minhas ordens" (Is 45.11,12).

Pela mesma razão o Senhor aparecia aos Profetas em forma de Homem, como podemos ler em Ezequiel: "E sobre o firmamento, que estava por cima das suas cabeças, havia uma semelhança de trono, como a aparência duma safira; e sobre a semelhança do trono havia como que a semelhança dum homem, no alto, sobre ele" (Ez 1.26).

E em Daniel era o "Filho do Homem", ou seja, o Homem, porque é idêntico: "Eu estava olhando nas minhas visões noturnas, e eis que vinha com as nuvens do Céu um como filho de homem; e dirigiu-se ao ancião de dias, e foi apresentado diante dele. E foi-lhe dado domínio, e glória, e um reino, para que todos os povos, nações e línguas o servissem; o seu domínio é um domínio eterno, que não passará, e o seu reino tal, que não será destruído" (Dn 7.13,14).

O próprio Senhor se chama com freqüência de "Filho do Homem", ou seja, o Homem, e, como em Daniel, prediz Sua Vinda em glória: "verão vir o Filho do homem sobre as nuvens do Céu, com poder e grande glória" (Mt 24.30).

As "nuvens do Céu" são o sentido natural do Verbo. "Poder e grande glória" são o sentido interior do Verbo, cujo sentido em todas suas coisas, em geral e em particular, se refere unicamente ao Senhor e ao Seu Reino e dele deriva este sentido, seu poder e sua glória.

50. A *Igreja mais antiga* entendia por "imagem de Deus" mais do que é possível explicar com palavras. O homem ignora por completo que ele é conduzido pelo Senhor mediante anjos e espíritos, e com cada homem há, pelo menos, dois anjos e dois espíritos. Por meio dos espíritos ele tem comunicação com o mundo dos espíritos e, por meio dos anjos, com o Céu. Sem a comunicação do homem por meio dos espíritos com o mundo espiritual,

e por meio de anjos com o Céu, e por meio do Céu com o Senhor, o homem não poderia viver de forma alguma. Sua vida depende de tal forma desta conjunção que, se os espíritos e os anjos se retirassem, o homem pereceria em um instante. Enquanto o homem permanecer não regenerado, ele é governado de maneira muito diferente pelo Senhor do que depois de regenerado. Enquanto não está regenerado há com ele espíritos maus, que têm tanto domínio sobre ele que os anjos, embora presentes, só podem guiá-lo e evitar que se precipite no pior dos males, além de induzi-lo a algum bem, ainda que por meio das suas próprias concupiscências, e por alguma verdade, e ainda que por meio das mesmas falácias de seus sentidos. Ele tem então comunicação com o mundo dos espíritos por meio dos espíritos que estão com ele, mas não com o Céu, porque os espíritos maus dominam os anjos, inspirando nele todo bem e toda verdade, e infundindo nele medo e horror a todo mal e a toda falsidade. Os anjos o guiam mas só cuidam dele, porque na verdade é o Senhor só que dirige o homem por meio de anjos e espíritos. Porque há a participação dos anjos, diz-se aqui pela primeira vez, falando em plural: "Façamos o homem à nossa imagem", e, no entanto, visto que o Senhor dirige e dispõe tudo por si só, diz-se no versículo seguinte em singular: "E Deus criou o homem à sua (própria) imagem". O Senhor ensina isto muito claramente também em Isaías: "Assim diz o Senhor, teu Redentor, e que te formou desde o ventre: Eu sou o Senhor que faço todas as coisas, que sozinho estendi os céus, e espraiei a terra" (Is 44.24.).

Os próprios anjos confessam, ainda, que não têm potência alguma sobre si mesmos, mas que obram exclusivamente por virtude do Senhor.

51. Quanto à "imagem", esta não é semelhança ou similitude, mas *segundo* a similitude. Por isso se diz: "Façamos o homem à nossa imagem, segundo as nossas semelhanças". O homem espiritual é "imagem", e o homem

celestial é "semelhança", ou similitude. Neste capítulo se trata do homem espiritual; no seguinte, do homem celestial. O Senhor chama o homem espiritual, que é imagem, de "filho de luz". Em João: "quem anda nas trevas não sabe para onde vai. Enquanto tendes a luz, crede na luz, para que vos torneis filhos da luz" (Jo 12.35,36).

Também é chamada de "amigo": "Vós sois meus amigos, se fizerdes o que eu vos mando" (Jo 15.14).

Mas o homem celestial, que é semelhança, é chamado "filho de Deus", como em João: "Mas, a todos quantos o receberam, aos que crêem no seu nome, deu-lhes o poder de se tornarem filhos de Deus; os quais não nasceram do sangue, nem da vontade da carne, nem da vontade do varão, mas de Deus" (Jo 1.12,13).

52. Enquanto o homem permanece homem espiritual, seu domínio procede do homem exterior para o interior, como é dito aqui: "E domine sobre os peixes do mar, e sobre as aves dos céus, e sobre a besta, e sobre toda a terra, e sobre todo o réptil que se move sobre a terra". Mas quando chega a ser homem celestial, obrando o bem por amor, então seu domínio procede do homem interior para o exterior, como o Senhor descreve a Si próprio e, por conseguinte, ao homem celestial, que é Sua semelhança e similitude, como diz em Davi: "Deste-lhe domínio sobre as obras das tuas mãos; tudo puseste debaixo de seus pés: todas as ovelhas e bois, assim como os animais do campo, as aves do Céu, e os peixes do mar, tudo o que passa pelas veredas dos mares. Ó Senhor, Senhor nosso, quão admirável é o teu nome em toda a terra!" (Sl 8.6–9).

Por esta razão, mencionam-se aqui primeiro "bestas", depois "aves" e depois "peixes do mar", porque o domínio do homem celestial procede do amor, que é da vontade, distinguindo-se do homem espiritual, em cuja descrição mencionam-se primeiro "peixes" e "aves", que denotam princípios do entendimento, que é a fé, e logo mencionam-se "bestas".

53. (Gn 1.27) *Criou, pois, Deus o homem à sua imagem; à imagem de Deus o criou; homem e mulher os criou.* O motivo pelo qual "imagem" é mencionada duas vezes é porque a fé, que é do entendimento, se chama "sua imagem", enquanto o amor, que é da vontade, e que no homem espiritual é subseqüente, mas que no homem celestial é anterior, se chama "imagem de Deus".

54. *Homem e mulher os criou.* Aquilo que se diz por "homem e mulher" era bem conhecido na *Igreja mais antiga*, mas quando entre os que vieram depois o sentido interior do Verbo ficou ignorado, pereceu também este arcano.

Seus matrimônios eram a fonte principal da sua felicidade e tudo o que podia ser comparado com o matrimônio era comparado com o matrimônio, para melhor colher o seu deleite. Sendo unicamente homens interiores, só se compraziam em coisas exteriores. As exteriores viam certamente com seus olhos, mas pensavam nas interiores, representadas pelas exteriores, de tal forma que para eles as coisas exteriores não eram mais do que meios para dirigir seus pensamentos às interiores e, por meio destas, às celestiais, ou seja, ao Senhor, que era seu todo e, por conseguinte, ao Matrimônio celestial, donde sentiam vir a felicidade de seus matrimônios. Por isso, chamavam o entendimento do homem "varão", e à vontade, "fêmea", e ao agirem os dois em comunhão, eram chamados como um matrimônio. Dessa igreja veio a maneira de falar, que depois se fez comum, segundo a qual no Verbo, a própria Igreja, a causa da sua inclinação para o bem, é chamada "filha" e "virgem", como por exemplo: "virgem de Sião", "virgem de Jerusalém" e também "esposa". Mais sobre isso se verá nos capítulos seguintes.

55. (Gn 1.28) *Então Deus os abençoou e lhes disse: Frutificai e multiplicai-vos; enchei a terra e sujeitai-a; dominai sobre os peixes do mar, sobre as aves do Céu e sobre todos os animais que se arrastam sobre a terra.* Assim como na

64 *Igreja mais antiga* chamava-se matrimônio a conjunção do entendimento e da vontade, ou seja, da fé e do amor, assim também chamava-se de "frutificações" todo bem, e "multiplicações" toda verdade produzida por esse matrimônio. Por este motivo chamam-se assim também nos Profetas, como em Ezequiel: "Multiplicarei sobre vós o homem e a besta. Eles crescerão e serão fecundos. Farei que sejais habitados como dantes; eu vos darei mais bens do que em vossos princípios. Desse modo, ficais sabendo que eu sou mais Javé. Farei com que as pessoas do meu povo Israel tomem posse de vós" (Ez 36.11,12).

"Povo" quer dizer o homem espiritual também chamado "Israel"; "tempos antigos", a *Igreja mais antiga*; "princípios", a *Antiga Igreja*, que existia depois do dilúvio. A razão por que se menciona "multiplicações", expressão referida à verdade, e depois "frutificações", referidas ao bem é porque nesta passagem se trata daquele que será regenerado e não daquele que já o é. Após verificada a conjunção do entendimento e da vontade, o Senhor chama o homem de "uma terra casada", como em Isaías: "Nunca mais te chamarão: Desamparada, nem a tua terra se denominará Desolada; mas chamar-te-ão Hefzibá, e à tua terra Beulá; porque o Senhor se agrada de ti; e a tua terra se casará" (Is 62.4).

Os frutos, produzidos por esta conjunção (inclinações à verdade e ao bem), se chamam "filhos", aqueles que se referem à verdade. Aqueles que se referem ao bem se chamam "filhas", e isto ocorre com muita freqüência no Verbo. A terra é preenchida ou cheia quando existe abundância de verdade e bens, porque quando o Senhor abençoa e fala ao homem, ou seja, quando age sobre ele, realiza-se nele um imenso incremento do bem e da verdade, como o próprio Senhor diz em Mateus: "O reino dos céus é semelhante a um grão de mostarda que um homem tomou, e semeou no seu campo; o qual é realmente a menor de todas as sementes; mas, depois de ter crescido, é a maior das hortaliças, e faz-se árvore, de sorte que vêm as aves do Céu, e se aninham nos seus ramos" (Mt 13.31,32).

A "semente de mostarda" é o bem do homem, antes de este chegar a ser espiritual, e é a "menor de todas as sementes", porque este homem pensa que faz o bem por virtude própria, e o que é próprio do homem é inteiramente ruim. No entanto, por se achar num estado de regeneração, há nele algo de bom, mesmo sendo insignificante. Mais tarde, à medida que vai concluindo a conjunção da fé com o amor, se faz maior, tornando-se "planta", e, quando finaliza a conjunção, se torna "árvore" e os "pássaros do Céu" (aqui, como antes, indicando as verdades, ou seja, as coisas intelectuais) fazem "ninhos em seus ramos", que são os saberes da memória. Enquanto o homem permanecer homem espiritual, como também antes, durante sua preparação para se tornar espiritual, se encontra num estado de combate, pelo que se diz: "Submetei a terra e governai".

56. (Gn 1.29) *Disse-lhes mais: Eis que vos tenho dado todas as ervas que produzem semente, as quais se acham sobre a face de toda a terra, bem como todas as árvores em que há fruto que dê semente; ser-vos-ão para mantimento.* O homem celestial só se compraz nas coisas celestiais, as quais, por serem homogêneas à sua vida, se chamam alimento celestial. O homem espiritual se compraz nas coisas espirituais, e estas, por serem homogêneas à sua vida, se chamam alimento espiritual. O homem natural se compraz de igual maneira nas coisas naturais, as quais, ao concordarem com sua vida, se chamam alimento, e consistem principalmente em saberes da memória. Aqui se trata do homem espiritual, e seu alimento espiritual é descrito mediante representações: "erva que dá semente" e "árvore em que há fruto", em geral chamadas "árvore que dá semente". Seu alimento natural é descrito no versículo seguinte (Gn 1.30).

57. A "erva que dá semente" é toda verdade, que in-

66 dica estes usos: "árvore em que há fruto" é o bem da fé; "fruto" é o que o Senhor dá ao homem celestial, mas "semente", que produz fruto, é o que Ele dá ao homem espiritual. Por isso se diz: "e toda a árvore em que há fruto que dê semente ser-vos-á para mantimento". Que o alimento celestial se chama "fruto da árvore" está no capítulo seguinte, que trata do homem celestial. Para confirmar isto, citarei aqui só as palavras do Senhor em Ezequiel: "E junto do rio, à sua margem, de uma e de outra banda, nascerá toda sorte de árvore que dá fruto para se comer. Não murchará a sua folha, nem faltará o seu fruto. Nos seus meses produzirá novos frutos, porque as suas águas saem do santuário. O seu fruto servirá de alimento e a sua folha de remédio" (Ez 47.12).

As "águas do santuário" significam a vida e a misericórdia do Senhor, que é o "santuário". O "fruto" é a sabedoria, que lhes será dada por alimento. "Folha" é a inteligência que terão como alimento, e este alimento, por causa de seu uso, se chama "remédio". Mas o alimento espiritual se chama "pasto" em Davi: "O Senhor é o meu pastor; nada me faltará. Deitar-me faz em pastos verdejantes; guia-me mansamente a águas tranqüilas" (Sl 23.1,2).

58. (Gn 1.30) *E a todos os animais da terra, a todas as aves do Céu e a todo ser vivente que se arrasta sobre a terra, tenho dado todas as ervas verdes como mantimento. E assim foi.* Aqui se descreve o alimento natural do mesmo homem. Seu ser natural é descrito como "animal da terra" e como "ave dos céus", e a este ser lhe é dado por alimento as plantas e a erva verde. Seu alimento natural e também seu alimento espiritual são descritos em Davi assim: "Fazes crescer erva para os animais, e a verdura para uso do homem, de sorte que da terra tire o alimento" (Sl 104.14).

"Rebanho" indica não somente a "besta (ou animal

selvagem) da terra", mas também a "ave dos céus", ambas mencionadas no mesmo Salmo 11.12.

59. O motivo pelo qual "plantas" e a erva verde são aqui descritas como único alimento do homem natural é esta: durante o processo da regeneração, quando o homem está se tornando espiritual, se encontra numa luta contínua. Por este motivo, a Igreja do Senhor também o chama "combatente". Antes da regeneração dominam as concupiscências, e o homem consiste de meras concupiscências e de falsidades derivadas destas. Durante o processo de regeneração, estas concupiscências não podem ser extirpadas bruscamente porque isso implicaria destruir o homem completamente, pois a única vida adquirida é dessa natureza. Por isso o Senhor permite que os maus espíritos continuem sua relação com ele por muito tempo, a fim de que possam excitar suas concupiscências e que estas possam ser desligadas ou dissolvidas de inúmeras maneiras, para que o homem pessoa ser desviado para o bem pelo Senhor e assim ser reformado. Durante o tempo do combate, os maus espíritos, que professam o maior ódio contra tudo que é bom e verdadeiro, ou seja, contra tudo que provém do Amor e da fé do Senhor – cujas coisas são as únicas boas e verdadeiras por serem as únicas que têm em si a vida eterna –, não deixam de alimento para o homem nada além de plantas e erva verde. No entanto, o Senhor também lhe dá um alimento, que se compara com "erva que dá semente" e com "árvore, em que é fruto", que são estados de tranqüilidade e paz, com seus prazeres e deleites, cujo alimento é dado amiúde pelo Senhor ao homem. Se o Senhor não defendesse o homem a cada momento, e ainda a cada mínima parte de um momento, este pereceria instantaneamente, como conseqüência do ódio intenso e mortal que reina no mundo dos espíritos contra toda coisa relacionada com o Amor e a fé do Senhor. Posso afirmar isto com certeza absoluta, pois há vários anos (embora tendo permanecido no meu corpo)

tenho me associado com espíritos na outra vida, até com os piores deles, e às vezes tenho sido rodeado por milhares, aos quais foi permitido jogar sobre mim seu veneno e me infestar de todo modo possível. No entanto, não conseguiram prejudicar um só cabelo da minha cabeça, pois eu era assim protegido pelo Senhor. Graças à experiência de tantos anos fiquei perfeitamente instruído sobre o mundo dos espíritos e sua natureza, e sobre os combates que, necessariamente, terão aqueles que passarem pelo processo de regeneração para poder finalmente conseguir a felicidade da vida eterna. Mas uma descrição geral destes fatos não seria suficiente para ficar convencido firmemente da sua veracidade, motivo pelo qual, mediante a Divina misericórdia do Senhor, se exporão com detalhes nas páginas que seguem.

60. (Gn 1.31) *E viu Deus tudo quanto fizera, e eis que era muito bom. E foi a tarde e a manhã, o dia sexto.* Este estado se chama "muito bom", mas os anteriores são meramente "bons", porque agora as coisas da fé formam uma unidade com as do amor, verificando-se assim um matrimônio entre as coisas espirituais e as celestiais.

61. Todas as coisas relacionadas com o conhecimento da fé se denomina espiritual, e todas as que pertencem ao amor, o Senhor e o próximo se chamam celestiais, pertencendo as primeiras ao entendimento e as últimas à vontade.

62. Os períodos e estados da regeneração do homem em geral e em particular se dividem em seis e se chamam os dias e sua criação porque o homem primeiro se transforma do nada em algo, e paulatinamente se faz até o sexto dia, no qual é feito à imagem de Deus.

63. Durante este processo, o Senhor luta continuamente por ele contra seus males e falsidades, confirmando-o na verdade e no bem por combates. O tempo de combate é o tempo de obra do Senhor, e, por isso, o homem regenerado se chama, nos profetas, a obra dos dedos de Deus. E

o Senhor não descansa até que o amor predomine; então o combate cessa. Quando a obra avança até acabar a conjunção da fé com o amor, chama-se "muito boa" porque então o Senhor dirige o homem para que aja segundo Sua imagem, no final do dia sexto, ou seja, no Paraíso celestial, do qual trata o seguinte capítulo.

64. Este é, então, o sentido do Verbo, sua própria vida, que não se deixa ver no sentido da letra. Seus arcanos são, contudo, tão numerosos que imensos volumes não seriam suficientes para tratá-los. Aqui foram expostos muito poucos, é só aqueles que permitam confirmar que se trata da regeneração, e que esta procede do homem exterior para o interior. Assim percebem o Verbo os anjos. Nada sabem do que há na letra, nem o sentido mais imediato de cada palavra, menos ainda conhecem os nomes de países, cidades, rios e pessoas, que tão freqüentemente aparecem na parte histórica e profética do Verbo. Só sabem das coisas significadas pelas palavras e pelos nomes. Assim, por "Adão" no paraíso percebem a *Igreja mais antiga*, e nem sequer a própria igreja, mas a fé no Senhor, professada por essa Igreja. Por "Noé" percebem a Igreja, que existia entre os descendentes da *Igreja mais antiga*, a qual continuou até o tempo de Abraão. Por Abraão não percebem o indivíduo, mas a fé salvadora que ele representava, e assim sucessivamente. Ora, percebem coisas espirituais e celestiais, inteiramente aparte das palavras e nomes.

65. Alguns indivíduos foram elevados até a primeira entrada do Céu, o átrio, enquanto eu lia o Verbo, e dali falaram comigo. Disseram que ali não poderiam compreender nem a parte ou a sua mais ínfima letra, mas só o que significa no sentido interior, mais próximo da letra, o qual, disseram, era inefavelmente formoso e de perfeita ordem correlativa, e que lhes afetava tanto que o chamavam glória.

66. Em geral, no Verbo há quatro estilos diferentes. O primeiro era o empregado na *Igreja mais antiga*. Sua

maneira de se expressar era tal que, quando mencionavam coisas terrenas e mundanas, pensavam nas coisas espirituais e celestiais, que estas representavam. Por isso, não se expressavam somente mediante coisas representativas, mas as combinavam numa espécie de séries históricas para lhes atribuir mais interesse e animação. Este é o estilo sobre o qual profetizou Anna dizendo: "Não faleis mais palavras tão altivas, nem saia da vossa boca a arrogância; porque o Senhor é o Deus da sabedoria, e por ele são pesadas as ações" (1Sm 2.3).

Estas coisas representativas em Davi se chamam "enigmas da antigüidade" (Sl 78.2).

Moisés possuía os enigmas sobre a criação, o jardim do Éden etc., até o tempo de Abraão, descendentes da *Igreja mais antiga*. O segundo estilo é o histórico, que encontramos nos livros de Moisés, desde o tempo de Abraão, e nos de Josué, Juízes, Samuel e Reis. Nestes livros, os fatos históricos são exatamente como aparecem da letra, mas, contêm continuamente coisas completamente diferentes no sentido interno, tanto gerais como particulares, das quais, a partir da Divina misericórdia do Senhor, se falará mais adiante. O terceiro estilo é o profético, que nasceu do estilo que tanto veneravam na *Igreja mais antiga*, mas não é contínuo, assim como o histórico, antiqüíssimo, mas incoerente e pouco inteligível, exceto no sentido interior, que contém numerosos arcanos, que seguem, por ordem harmoniosa e articulada, se referindo ao homem exterior e interior, a vários estados da Igreja, ao próprio Céu, e, no sentido mais íntimo, ao Senhor. O quarto é o estilo dos *Salmos de Davi*, cujo estilo fica entre o profético e a maneira corriqueira de falar, no qual, sob o rei Davi, o Senhor trata da pessoa interior.

APOCALIPSIS REVELATA

PREFÁCIO

Muitos têm realizado esforços sobre-humanos para explicar o Apocalipse, mas ninguém descobriu os arcanos nele ocultos, pois têm ignorado o sentido espiritual, que é o único meio para descobri-los. Assim, os estudiosos só têm conseguido expor conjecturas e na maioria das vezes têm aplicado seu conteúdo ao estado dos reinos do mundo, misturando com algumas coisas referentes à igreja.

Mas o Apocalipse, como todo o Verbo em seu sentido espiritual, não trata de forma alguma de coisas do mundo, mas de coisas celestiais. Por conseguinte, não trata de reinos e governos, mas do Céu e da Igreja.

É necessário saber que depois do *Último Juízo*, que teve lugar no mundo espiritual no ano de 1757, assunto de que tratei no opúsculo editado em Londres em 1758, formou-se um Céu novo de Cristãos, mas só daqueles que podiam admitir que o Senhor só é Deus do Céu e da terra, segundo Suas próprias palavras em Mateus 28,18, os quais se haviam arrependido de obras ruins enquanto habitavam o mundo. Desse céu desce e descerá à terra a *Nova Igreja*, que é a Nova Jerusalém.

Que esta Igreja reconhecerá ao Senhor consta nas seguintes passagens do Apocalipse: "Depois disso, um dos sete anjos das sete taças cheias com as últimas pragas veio até mim e disse-me: Venha! Vou lhe mostrar a esposa, a mulher do Cordeiro. E me levou em espírito até um grande e alto monte. E mostrou para mim a Cidade Santa, Jerusalém, que descia do céu, de junto de Deus" (Ap 21.9–10).

E em outro lugar: "Vamos ficar alegres e contentes,

vamos dar glória a Deus, porque chegou o tempo do casamento do Cordeiro, e sua esposa já está pronta [...] Felizes os convidados para o banquete do casamento do Cordeiro" (Ap 19.7,9).

E que haverá um Céu novo, do qual descerá à terra a *Nova Igreja*, está claro nesta outra passagem: "Vi, então, um novo céu e uma nova terra. [...] Vi também descer do céu, de junto de Deus, a Cidade Santa, uma Jerusalém nova, pronta como esposa que se enfeitou para o seu marido. [...] Aquele que está sentado no trono declarou: Eis que faço todas as coisas, e disse-me: escreve, porque essas palavras são verdadeiras e dignas de fé" (Ap 21.1–2,5).

O "novo céu" é o Céu novo dos cristãos. A "Jerusalém nova" é a *Nova Igreja* na terra, a qual forma unidade com o Céu novo. Em relação a Sua Divina Humanidade, o "Cordeiro" é o Senhor.

Para melhor ilustrar, acrescentarei aqui o seguinte: o Céu Cristão está debaixo dos Céus antigos. Neste Céu foram admitidos, desde que o Senhor estava no mundo, aqueles que adoraram a Deus único em três pessoas, sem abraçar ao mesmo tempo a idéia de três deuses, e isto porque a Trindade de Pessoas tem sido por muito tempo reconhecida em todo o mundo cristão. Mas aqueles que da Humanidade do Senhor não tiveram outra idéia que da humanidade de um homem, não conseguiram admitir a fé da Nova Jerusalém, da qual unicamente o Senhor é Deus, e que Nele existe a Trindade. Por conseguinte, estes são separados e afastados. Foi-me dado ver as separações e afastamentos que aconteceram após o *Último Juízo*. A idéia da Pessoa de Deus é fundamental na Igreja, porque sobre uma idéia justa de Deus se funda o Céu universal, tanto na Terra quanto na Igreja universal, e, em geral, toda a Religião que está de acordo com esta idéia se confirma na Conjunção com Deus e, mediante a Conjunção, vêm Luz, Sabedoria e a Felicidade eterna.

Todos podem compreender que só o Senhor pôde abrir

o Apocalipse, e assim cada palavra nele encerra arcanos, os quais ninguém poderia conhecer sem iluminação especial e, por conseguinte, revelação. Para isto, o Senhor se comprazeu em abrir a vista do meu espírito e me ensinar. Acreditai, então, que não tomei nada de mim mesmo ou de anjo nenhum, mas do Senhor unicamente. O Senhor disse também a João por via do anjo: "Não guarde em segredo as palavras da profecia deste livro" (Ap 22.10). O que quer dizer que devem ser reveladas.

CAPÍTULO PRIMEIRO: O SENTIDO ESPIRITUAL

O conteúdo de todo o capítulo   Esta revelação é unicamente do Senhor e é recebida por aqueles que serão da Sua nova igreja, que é a Nova Jerusalém. Eles reconhecerão o Senhor por Deus do Céu e da Terra. Também é descrito o Senhor enquanto Verbo.

O conteúdo de cada versículo   (Ap 1.1) *Revelação de Jesus Cristo, que Deus lhe deu para mostrar aos seus servos as coisas que brevemente devem acontecer; e, enviando-as pelo seu anjo, as notificou a seu servo João...*   As predições do Senhor a respeito de si próprio e de Sua Igreja, de como esta será no seu final e como será depois. Estas predições para aqueles que, por caridade, se encontram na fé, seguramente serão cumpridas para que a igreja não pereça. Serão reveladas pelo Senhor por via do céu àqueles que se acham no bem da vida pela caridade e por sua fé.

(Ap 1.2) *O qual testificou da palavra de Deus, e do testemunho de Jesus Cristo, de tudo quanto viu.*   Os quais recebem a Divina Verdade do Verbo de coração e, por conseguinte, na luz, e reconhecem que a Humanidade do Senhor é Divina. Estes serão ilustrados em todas as coisas desta revelação.

(Ap 1.3) *Bem-aventurado aquele que lê e bem-aventurados os que ouvem as palavras desta profecia e guardam as coisas que nela estão escritas; porque o tempo está próximo.*

E terão comunhão com os anjos do céu assim que eles viverem segundo a doutrina da Nova Jerusalém. O estado da Igreja é de tal forma que não pode de maneira alguma perdurar para que sua conjunção seja com o Senhor.

(Ap 1.4) *João, às sete igrejas que estão na Ásia: Graça a vós e paz da parte daquele que é, e que era, e que há de vir, e da dos sete espíritos que estão diante do seu trono...* A todos no mundo cristão, onde está o Verbo e por ele é conhecido o Senhor, a quantos almejam ser da Igreja, encontrando-se na luz da verdade pelo Verbo: saudação Divina do Senhor, que é Eterno e Infinito, e Javé, e do Céu universal, onde o Senhor mora em Sua Divina Verdade.

(Ap 1.5) *E da parte de Jesus Cristo, que é a fiel testemunha, o primogênito dos mortos e o Príncipe dos reis da terra. Aquele que nos ama, e pelo seu sangue nos libertou dos nossos pecados...* E em Sua Divina Humanidade, que é a autêntica Divina Verdade e o próprio Divino Bem, origem de toda verdade procedente do bem, na Igreja, em cuja Humanidade reforma e regenera o homem por Seu Amor e Misericórdia mediante as Divinas verdades de Seu Verbo.

(Ap 1.6) *e nos fez reino, sacerdotes para Deus, seu Pai, a ele seja glória e domínio pelos séculos dos séculos. Amém.* Fazendo com que os nascidos Dele, ou seja, os regenerados, tenham sabedoria pela Divina Verdade e amor pelo Divino Bem, até serem imagens de sua Divina sabedoria e de Seu Divino Bem. A Ele só pertence a Divina Majestade e Onipotência eternamente. Confirmação Divina pela própria Verdade, ou seja, por Ele próprio.

(Ap 1.7) *Eis que vem com as nuvens, e todo olho o verá, até mesmo aqueles que o traspassaram; e todas as tribos da terra se lamentarão sobre ele. Sim. Amém.* Aviso de que, no final da Igreja, o Senhor se revelaria no sentido literal do Verbo, abrindo seu sentido espiritual, e que seria reconhecido por aqueles que, por inclinação, estariam na inteligência da Divina Verdade, e que também seria visto por aqueles que se encontrariam em falsidades na Igreja, o que aconteceria quando na Igreja não restasse bem algum nem verdade alguma. Afirmação divina de que seria assim.

(Ap 1.8) *Eu sou o Alfa e o Ômega, diz o Senhor Deus, aquele que é, e que era, e que há de vir, o Todo-Poderoso.* Ele é o *Próprio* e o *Único* desde o Primeiro até o Último, do Qual provêm todas as coisas. É, então, o próprio e único Amor, a própria e única sabedoria e a própria e única Vida, sendo, por conseguinte, o próprio e único Criador, salvador e iluminador, tudo em Si próprio e por Si próprio e, por isso, tudo em todos no Céu e na Igreja, o Eterno, o Infinito e Javé. Ele é, existe e tem poder em si próprio e, desde as íntimas coisas, dispõe e dirige tudo através das últimas.

(Ap 1.9) *Eu, João, irmão vosso e companheiro convosco na aflição, no reino, e na perseverança em Jesus, estava na ilha chamada Patmos por causa da palavra de Deus e do testemunho de Jesus.* Aqueles que estão no bem da caridade e na conseguinte verdade da fé, e infestados pelo mal e a falsidade na Igreja – de cuja infestação são libertados na Vinda do Senhor –, conduzidos ao lugar e estado em que possam ser iluminados, para receber a Divina Verdade do Verbo de coração e, por conseguinte, na luz, e reconhecer que o Humano do Senhor é Divino.

(Ap 1.10) *Eu fui arrebatado em espírito no dia do Senhor, e ouvi por detrás de mim uma grande voz, como de trombeta...* (João), por influxo Divino introduzido em um estado espiritual, em cujo estado se percebem com toda clareza as Divinas verdades reveladas do Céu.

(Ap 1.11) *que dizia: O que vês, escreve-o num livro, e envia-o às sete igrejas: a Éfeso, a Esmirna, a Pérgamo, a Tiatira, a Sardes, a Filadélfia e a Laodicéia.* (Sua percepção de que) o Senhor é o *Próprio* e o *Único*, desde as primeiras até as últimas coisas, e que todas as coisas procedem Dele (ver versículo 8). Provisão Divina para que a revelação de arcanos, que se ia verificar, passasse à posteridade, ou seja, àqueles no mundo cristão que se encontram na luz da Verdade do Verbo, e a cada um destes segundo seu estado de recepção.

(Ap 1.12) *E voltei-me para ver quem falava comigo. E, ao voltar-me, vi sete candeeiros de ouro...* A inversão do estado quanto à percepção da Verdade do Verbo, cuja inversão se verifica em todo aquele que se encontra no bem da vida, ao se converter ao Senhor. – Sua percepção da Nova Igreja (em forma representativa), cuja Igreja é iluminada pelo Senhor mediante o Verbo.

(Ap 1.13) *e no meio dos candeeiros um semelhante a filho de homem, vestido de uma roupa talar, e cingido à altura do peito com um cinto de ouro...* Sua percepção do Senhor como o Verbo, do qual provém a Igreja. O Divino Procedente, que é a Divina Verdade, e o Divino Procedente e Harmonizante, que é o próprio Divino Bem.

(Ap 1.14) *e a sua cabeça e cabelos eram brancos como lã branca, como a neve; e os seus olhos como chama de fogo...* O Divino Amor da Divina sabedoria nas primeiras e nas últimas coisas. A Divina Sabedoria do Divino Amor.

(Ap 1.15) *e os seus pés, semelhantes a latão reluzente que fora refinado numa fornalha; e a sua voz como a voz de muitas águas.* O Divino Bem natural; a Divina Verdade natural.

(Ap 1.16) *Tinha ele na sua destra sete estrelas; e da sua boca saía uma aguda espada de dois gumes; e o seu rosto era como o sol, quando resplandece na sua força.* E todos os conhecimentos do bem e a verdade do Verbo, procedentes do Senhor. O Senhor dispersando a falsidade mediante o Verbo e mediante a doutrina dele próprio, procedente Dele.

(Ap 1.17) *Quando o vi, caí a seus pés como morto; e ele pôs sobre mim a sua destra, dizendo: Não temas; eu sou o primeiro e o último,* A aniquilação da própria vida, cuja aniquilação ocorre em semelhante presença do Senhor. A inspiração de vida do Senhor, que seguidamente se verifica resultando em ressurreição e depois em adoração a impulso de um sentimento de profunda humilhação. (Assim fortificado, percebe-se que) o Senhor é eterno e infinito e, por conseguinte, o único Deus.

(Ap 1.18) *e o que vivo; fui morto, mas eis aqui estou vivo pelos séculos dos séculos; e tenho as chaves da morte e do Hades.* Que Ele é a própria Vida e a única Fonte de vida. Que na Igreja é desprezado e esquecido, sem reconhecer ali Sua Divina Humanidade (como Deus único); que Ele é a Vida eterna. Confirmação Divina destas verdades e de que unicamente Ele pode salvar.

(Ap 1.19) *Escreve, pois, as coisas que tens visto, e as que são, e as que depois destas hão de suceder.* Provisão Divina para que as coisas que seriam reveladas a João passassem à posteridade.

(Ap 1.20) *Eis o mistério das sete estrelas, que viste na minha destra, e dos sete candeeiros de ouro: as estrelas são os anjos das sete igrejas, e os sete candeeiros são as sete igrejas.* Os arcanos da visão do Céu novo e da Nova Igreja, os quais são a Nova Igreja no Céu, ou seja, no Céu novo, e a Nova Igreja na Terra, que é a Nova Jerusalém, que desce do Senhor, do Céu novo.

CAPÍTULO SEGUNDO

O conteúdo de todo o capítulo Às igrejas no mundo cristão:

Ap 2.1–7 Àqueles que colocam em primeiro lugar as verdades doutrinais e não o bem da vida, designados como "Igreja de Éfeso".

8–11 Àqueles ali que se encontram no bem em relação à vida, mas em falsidades em relação à doutrina, designados como a "Igreja de Esmirna".

12–17 Àqueles que põem tudo o que concerne à Igreja nas boas obras e em algo de verdadeiro, designados como a "Igreja de Pérgamo".

18–29 Àqueles ali que se encontram na fé a partir da caridade, e também àqueles que se encontram numa fé separada da caridade, ambas classes designadas como a "Igreja de Tiatira".

Todos eles são chamados à Nova Igreja, que é a Nova Jerusalém.

O conteúdo de cada versículo (Ap 2.1) *Ao anjo da igreja em Éfeso escreve: Isto diz aquele que tem na sua destra as sete estrelas, que anda no meio dos sete candeeiros de ouro:* Àqueles, e a partir daqueles, que observam em primeiro lugar as verdades doutrinais e não o bem da vida: toda verdade e toda iluminação vêm somente do Senhor por meio do Verbo aos que são da Sua Igreja.

(Ap 2.2) *Conheço as tuas obras, e o teu trabalho, e a tua perseverança; sei que não podes suportar os maus, e que puseste à prova os que se dizem apóstolos e não o são, e os achaste mentirosos...* Ele vê tudo quanto existe no homem. Vê seu interior e seu exterior. Vê (nos de Éfeso) sua aplicação e paciência; que não podem padecer que o mal seja chamado bem e vice-versa. Vê o que a Igreja afirma que são bens e verdades, sendo o contrário os males e as falsidades.

(Ap 2.3) *e tens perseverança e por amor do meu nome sofreste, e não desfaleceste.* Vê sua paciência com estas coisas e seus estudos e esforços para procurar para si próprio e também para ensinar a outros os conhecimentos referentes à religião e à sua doutrina.

(Ap 2.4) *Tenho, porém, contra ti que deixaste o teu primeiro amor.* Mas contra eles há aqueles que não põem em primeiro lugar o bem da vida.

(Ap 2.5) *Lembra-te, pois, donde caíste, e arrepende-te, e pratica as primeiras obras; e se não, brevemente virei a ti, e removerei do seu lugar o teu candeeiro, se não te arrependeres.* Advirtam e percebam o seu retrocesso e melhorem o estado da sua vida, sem o qual não terão seguramente luz para ver as verdades.

(Ap 2.6) *Tens, porém, isto, que aborreces as obras dos nicolaítas, as quais eu também aborreço.* Por outro lado, conhecem por suas verdades que as obras do homem não têm nada de meritório. Por isso, se opõem a que as obras sejam consideradas meritórias.

(Ap 2.7) *Quem tem ouvidos, ouça o que o Espírito diz às igrejas. Ao que vencer, dar-lhe-ei a comer da árvore da vida, que está no paraíso de Deus.* Aquele que entende isto deve obedecer o que a Divina Verdade do Verbo ensina àqueles que hão de ser da Nova Igreja, que é a Nova Jerusalém. Quem luta contra seus males e falsidades, sendo reformado, receberá do Senhor o bem do amor e da caridade, que está interiormente nas verdades da Sabedoria e da fé.

(Ap 2.8) *Ao anjo da igreja em Esmirna escreve: Isto diz o primeiro e o último, que foi morto e reviveu:* Àqueles, e a respeito daqueles, que se encontram no bem em relação à vida, mas em falsidades em relação à doutrina: o Senhor só é Deus. Na Igreja é ignorado e esquecido, e Sua Humanidade não é reconhecida como Divina, sendo o contrário, pois somente o Senhor é vida, e somente Dele procede a Vida eterna.

(Ap 2.9) *Conheço a tua tribulação e a tua pobreza (mas tu és rico), e a blasfêmia dos que dizem ser judeus, e não o são, porém são sinagoga de Satanás.* O Senhor vê todas as coisas neles, as interiores e as exteriores simultaneamente. Vê que se encontram em falsidades, carecendo por este motivo de bens genuínos (podendo, no entanto, seu bem chegar a ser genuíno). Vê sua vã pretensão, ou crença, de possuir os bens genuínos do Amor quando, no entanto, não os possuem porque se encontram em falsidades a respeito da doutrina.

(Ap 2.10) *Não temas o que hás de padecer. Eis que o Diabo está para lançar alguns de vós na prisão, para que sejais provados; e tereis uma tribulação de dez dias. Sê fiel até a morte, e dar-te-ei a coroa da vida.* Não entrarão em desespero quando forem infestados pelos males e assediados pelas falsidades, o que necessariamente serão aqueles que se encontram no bem em relação à vida e em falsidades em relação à doutrina. O bem da sua vida será infestado pelos males do inferno, que lutarão contra eles por meio de falsidades, e cuja luta durará seu pleno tempo. Depois, receberão verdades até as falsidades ficarem afastadas, e então sua vitória será recompensada com a vida eterna.

(Ap 2.11) *Quem tem ouvidos, ouça o que o Espírito diz às igrejas. O que vencer, de modo algum sofrerá o dado da segunda morte.* Quem isto entender deve obedecer ao que a Divina Verdade do Verbo ensina a quem será da Nova Igreja, que é a Nova Jerusalém. Quem no mundo luta contra seus males e falsidades, sendo reformado, não sucumbirá diante dos males e falsidades do Inferno.

(Ap 2.12) *Ao anjo da igreja em Pérgamo escreve: Isto diz aquele que tem a espada aguda de dois gumes:* Àqueles, e em relação àqueles que põem o todo na Igreja e nada nas verdades da doutrina: o Senhor, que por meio das verdades da doutrina do Verbo dissipa os males e as falsidades.

(Ap 2.13) *Sei onde habitas, que é onde está o trono de Satanás; mas reténs o meu nome e não negaste a minha fé, mesmo nos dias de Antipas, minha fiel testemunha, o qual foi morto entre vós, onde Satanás habita.* O Senhor vê todas as coisas neles, as interiores e as exteriores simultaneamente. Vê que a vida deles está envolvida em trevas e que, contudo, têm Religião e, conforme ela, há veneração, mesmo quando toda a verdade na Igreja se encontra extinta pelas falsidades.

(Ap 2.14) *entretanto, algumas coisas tenho contra ti; porque tens aí os que seguem a doutrina de Balaão, o qual ensinava Balaque a lançar tropeços diante dos filhos de Israel, introduzindo-os a comerem das coisas sacrificadas a ídolos e a se prostituírem.* Mas contra eles há o fato de terem entre si gente que faz obras hipócritas, contaminando e adulterando o culto Divino da Igreja.

(Ap 2.15) *Assim tens também alguns que de igual modo seguem a doutrina dos nicolaítas.* E têm também entre si gente que põe mérito nas obras.

(Ap 2.16) *Arrepende-te, pois; ou se não, virei a ti em breve, e contra eles batalharei com a espada da minha boca.* Afastem-se destas obras; caso contrário, o Senhor irá contra eles mediante o Verbo.

(Ap 2.17) *Quem tem ouvidos, ouça o que o Espírito diz às igrejas. Ao que vencer darei do maná escondido, e lhe darei uma pedra branca, e na pedra um novo nome escrito, o qual ninguém conhece senão aquele que o recebe.* Quem isto entender deve obedecer ao que a Divina Verdade do Verbo ensina aos que serão da Nova Igreja, que é a Nova Jerusalém. Quem no mundo luta contra seus males e falsidades, sendo reformado, obterá o bem do amor celestial e conjunção com o Senhor. Receberá verdades confirmantes e coadunadas com o bem, e, mediante estas, certa qualidade de bem, que antes não tinha, e cujo bem não será conhecido de outros porque estará inscrito em sua vida (ou seja, no amor da sua vontade).

(Ap 2.18) *Ao anjo da igreja em Tiatira escreve: Isto diz o Filho de Deus, que tem os olhos como chama de fogo, e os pés semelhantes a latão reluzente:* Àqueles e em relação àqueles que por caridade se encontram na fé e, por isso, em boas obras, e também àqueles que se acham numa fé separada da caridade e, por isso, em más obras: o Senhor como a Divina Sabedoria do Divino Amor e como o Divino Bem natural.

(Ap 2.19) *Conheço as tuas obras, e o teu amor, e a tua*

fé, e o teu serviço, e a tua perseverança, e sei que as tuas últimas obras são mais numerosas que as primeiras. Vê todas as coisas neles: as interiores e as exteriores simultaneamente. Vê sua inclinação espiritual, que se chama caridade, e sua atividade. Vê as verdades adquiridas, e seu zelo para consegui-las e para ensiná-las, assim como seu progresso por causa da sua inclinação espiritual à Verdade.

(Ap 2.20) *Mas tenho contra ti que toleras a mulher Jezabel, que se diz profetisa; ela ensina e seduz os meus servos a se prostituírem e a comerem das coisas sacrificdas a ídolos...* Mas contra eles existe isto: que em sua Igreja há quem separa a fé da caridade, fazendo com que a fé seja a única doutrina da Igreja, do que resulta falsificação das verdades do Verbo, contaminação do culto e profanação.

(Ap 2.21) *e dei-lhe tempo para que se arrependesse; e ela não quer arrepender-se da sua prostituição.* Aqueles que se confirmaram nesta doutrina não a abandonam, mesmo que vejam contradições no Verbo.

(Ap 2.22) *Eis que a lanço num leito de dores, e numa grande tribulação os que cometem adultério com ela, se não se arrependerem das obras dela...* Mas que por suas falsificações chegam a descansar e se reclinar em sua doutrina, e os que não abandonam a prática de separar a fé da caridade serão gravemente infestados pelas falsidades.

(Ap 2.23) *e ferirei de morte a seus filhos, e todas as igrejas saberão que eu sou aquele que esquadrinha os rins e os corações; e darei a cada um de vós segundo as suas obras.* Trocando-se para eles em falsidades todas as verdades do Verbo, para que a Igreja saiba que *o Senhor olha a qualidade da verdade e do bem* em cada um, e que dará a cada um, segundo sua caridade e fé em suas obras.

(Ap 2.24) *Digo-vos, porém, a vós os demais que estão em Tiatira, a todos quantos não têm esta doutrina, e não conhecem as chamadas profundezas de Satanás, que outra carga vos não porei...* Os que separam a caridade da doutrina da fé e também os que unem a fé à caridade e que não conhecem profundamente essa doutrina (de fé apenas), em cuja profundidade não há mais do que falsidades, devem se afastar destas.

(Ap 2.25) *mas o que tendes, retende-o até que eu venha.* Para reter o pouco que sabem de caridade e, por conseguinte, da verdadeira fé do Verbo e viver conforme ela até a Vinda do Senhor.

(Ap 2.26) *Ao que vencer, e ao que guardar as minhas obras até o fim, eu lhe darei autoridade sobre as nações...* Quem permanecer na prática da caridade e na fé até o fim da sua vida vencerá os males do inferno em si mesmo.

(Ap 2.27) *e com vara de ferro as regerá, quebrando-as do modo como são quebrados os vasos do oleiro, assim como eu recebi autoridade de meu Pai...* E os submeterão, como se fossem pouco ou nada, mediante as verdades do sentido literal do Verbo unidas às coisas racionais da luz natural, tudo por virtude do Senhor, que assumiu no mundo toda potestade sobre os infernos por Sua Divindade, que estava com Ele.

(Ap 2.28) *também lhe darei a estrela da manhã.* E receberão inteligência e sabedoria.

(Ap 2.29) *Quem tem ouvidos, ouça o que o Espírito dita às igrejas.* Quem isto entender deve obedecer ao que a Divina Verdade do Verbo ensina aos que serão da Nova Igreja, que é a Nova Jerusalém.

CAPÍTULO TERCEIRO

O conteúdo de todo o capítulo Trata-se daqueles no mundo cristão:

Ap 3.1–6 Que se encontram em culto morto, que é um culto sem caridade e sem fé, designados como a *Igreja de Sardes*.

7–13 Que se encontram em verdades pelo bem, que vem do Senhor, designados como a *Igreja de Filadélfia*.

14–33 Que ora crêem pela fé, ora pelo Verbo, profanando assim as coisas santas. Estes são designados como a *Igreja de Laodicéia*.

Todavia tanto estes últimos quanto aqueles são chamados à Nova Igreja do Senhor.

O conteúdo de cada versículo (Ap 3.1) *Ao anjo da igreja em Sardes escreve: Isto diz aquele que tem os sete espíritos de Deus, e as estrelas: Conheço as tuas obras; tens nome de que vives, e estás morto.* Àqueles e em relação àqueles que se encontram em culto morto, ou seja, num culto sem bens da caridade e sem verdades da fé: o Senhor, de quem provêm todas as verdades e todos os conhecimentos de bens e verdades, vê tudo neles; vê seu interior e seu exterior simultaneamente. Vê que por idéias próprias, assim como por ensinamentos recebidos de outros, pensam e acreditam que são espiritualmente vivos, quando, na verdade, são espiritualmente mortos.

(Ap 3.2) *Sê vigilante, e confirma o restante, que estava para morrer; porque não tenho achado as tuas obras perfeitas diante do meu Deus.* Devem velar e se esforçar por adquirir a verdade e viver segundo ela, para que seu culto receba vida, porque as coisas interiores de seu culto não têm conjunção com o Senhor.

(Ap 3.3) *Lembra-te, portanto, do que tens recebido e ouvido, e guarda-o, e arrepende-te. Pois se não vigiares, virei como um ladrão, e não saberás a que hora sobre ti virei.* Devem considerar que todo culto é, no começo, natural, tornando-se espiritual mediante as verdades do Verbo e uma vida em conformidade a elas, e também outras coisas oportunas, às quais devem atender para dar vida a seu culto morto; caso contrário, perderão tudo quanto pertencer ao culto, sem saber como nem quando.

(Ap 3.4) *Mas também tens em Sardes algumas pessoas*

que não contaminaram as suas vestes e comigo andarão vestidas de branco, porquanto são dignas. Entre eles há, contudo, alguns cujo culto tem vida, os quais estão na verdade, e não contaminaram seu culto pelos males da vida e as conseguintes falsidades. Eles viverão com o Senhor, porque se encontram na verdade por Ele.

(Ap 3.5) *O que vencer será assim vestido de vestes brancas, e de maneira nenhuma riscarei o seu nome do livro da vida; antes confessarei o seu nome diante de meu Pai e diante dos seus anjos.* Aquele que se reformar se tornará espiritual e será salvo porque todo aquele que, por graça do Senhor, se encontra no Divino Bem e na Divina Verdade é recebido.

(Ap 3.6) *Quem tem ouvidos, ouça o que o espírito diz às igrejas.* Quem isto entender deve obedecer ao que a Divina Verdade do Verbo ensina aos que serão da Nova Igreja, que é a Nova Jerusalém.

(Ap 3.7) *Ao anjo da igreja em Filadélfia escreve: Isto diz o que é santo, o que é verdadeiro, o que tem a chave de Davi; o que abre, e ninguém fecha; e fecha, e ninguém abre:* Àqueles e em relação àqueles que se encontram na verdade pelo bem procedente do Senhor: o Senhor, que é a divina Verdade e o Único, que por sua Onipotência pode salvar.

(Ap 3.8) *Conheço as tuas obras (eis que tenho posto diante de ti uma porta aberta, que ninguém pode fechar), que tens pouca força, entretanto guardaste a minha palavra e não negaste o meu nome.* Vê tudo neles; vê seu interior e seu exterior ao mesmo tempo. O Céu está aberto e o Inferno não prevalecerá contra aqueles que se encontram na Verdade pelo bem que procede do Senhor, porque reconhecem que nada valem por si próprios, entregues ao Verbo, encontrando-se no culto verdadeiro do Senhor.

(Ap 3.9) *Eis que farei aos da sinagoga de Satanás, aos que se dizem judeus, e não o são, mas mentem, – eis que farei que venham, e adorem prostrados aos teus pés, e saibam que eu te amo.* Os que estão em falsidades em relação à doutrina, pensando que a Igreja está neles, quando, no entanto, nada de Igreja há neles. Se suas falsidades não procederem do mal, receberão então as verdades da Nova Igreja, e verão que os que se encontram na Verdade pelo bem são amados e recebidos no Céu pelo Senhor.

(Ap 3.10) *Porquanto guardaste a palavra da minha perseverança, também eu te guardarei da hora da provação que há de vir sobre o mundo inteiro, para pôr à prova os que habitam sobre a terra.* Lutarão contra o mal e rechaçarão as falsidades; por isso serão protegidos e preservados no dia do último juízo, quando vem o Senhor e os introduz na Sua Nova Igreja.

(Ap 3.11) *Venho sem demora; guarda o que tens, para que ninguém tome a tua coroa.* Devem perseverar em suas verdades e em seu bem enquanto isso acontecer para não perderem sabedoria, da qual provém a felicidade eterna.

(Ap 3.12) *A quem vencer, eu o farei coluna no templo do meu Deus, donde jamais sairá; e escreverei sobre ele o nome do meu Deus, e o nome da cidade do meu Deus, a Nova Jerusalém, que desce do céu, da parte do meu Deus, e também o meu novo nome...* Naqueles que perseverarem nas verdades do bem procedente do Senhor estas verdades sustentarão a Igreja do Senhor no Céu, e eles permanecerão nela eternamente. Levarão inscritas em seus corações (implantadas em seu amor) as Divinas verdades e a doutrina da Nova Igreja, tal como procede da Divina Verdade do Senhor no Céu, e adorarão ao Senhor só com coisas novas, que não existiam na Igreja anterior.

(Ap 3.13) *Quem tem ouvidos, ouça o que o Espírito diz às igrejas.* Quem isto entender deve observar o que a Divina Verdade do Verbo ensina aos que serão da Nova Igreja, que é a Nova Jerusalém.

(Ap 3.14) *Ao anjo da igreja em Laodicéia escreve: Isto diz o Amém, a testemunha fiel e verdadeira, o princípio da criação de Deus:* Àqueles e em relação àqueles na Igreja que acreditam, ora segundo si mesmos, ora segundo o Verbo, assim profanando as coisas santas: o Senhor, como o Verbo, é a Divina Verdade, e esta procede Dele só, como o Verbo.

(Ap 3.15) *Conheço as tuas obras, que nem és frio nem quente; oxalá foras frio ou quente!* Ele vê tudo neles; seu interior e seu exterior simultaneamente; vê seu estado de inconstância e vacilação. Por causa dele ora negam a Divindade e santidade do Verbo, ora as reconhecem. Seria melhor que negassem de coração as santas coisas do Verbo e da Igreja, ou que de coração as reconhecessem.

(Ap 3.16) *Assim, porque és morno, e não és quente nem frio, vomitar-te-ei da minha boca.* Por serem assim, cometerão profanação e serão separados do Senhor.

(Ap 3.17) *Porquanto dizes: Rico sou, e estou enriquecido, e de nada tenho falta; e não sabes que és um coitado, e miserável, e pobre, e cego, e nu...* Crêem que possuem em abundância conhecimentos do Céu e da Igreja, e que não necessitam mais, mas, na verdade, tudo quanto sabem destas coisas carece de coerência, e eles mesmos carecem de entendimento da verdade e da vontade do bem.

(Ap 3.18) *aconselho-te que de mim compres ouro refinado no fogo, para que te enriqueças; e vestes brancas, para que te vistas, e não seja manifesta a vergonha da tua nudez; e colírio, a fim de ungires os teus olhos, para que vejas.* Devem adquirir do Senhor, por meio de Verbo, o bem do amor, para conseguir sabedoria e verdades genuínas de sabedoria, para que eles deixem de profanar e de adulterar o bem do amor celestial, curando seu entendimento.

(Ap 3.19) *Eu repreendo e castigo a todos quantos amo: sê pois zeloso, e arrepende-te.* Os que fazem isto são amados pelo Senhor e devem necessariamente ser introduzidos em tentações para lutar contra seus males e para aprender a lutar contra eles por amor à verdade.

(Ap 3.20) *Eis que estou à porta e bato; se alguém ouvir*

a minha voz, e abrir a porta, entrarei em sua casa, e com ele cearei, e ele comigo. O Senhor está presente em todos e em cada um por meio do Verbo. Insiste em ser recebido e ensina de que maneira Sua recepção pode ser verificada. Aqueles que acreditarem no Verbo e viver segundo ele terão conjunção com o Senhor e Ele com eles.

(Ap 3.21) *Ao que vencer, eu lhe concederei que se assente comigo no meu trono.* Aqueles que devido a uma vida segundo os preceitos do Verbo se encontram em conjunção com o Senhor no Céu, assim como Ele e o Pai são um e fazem o Céu.

(Ap 3.22) *Quem tem ouvidos, ouça o que o Espírito diz às igrejas.* Quem isto entender deve obedecer ao que a Divina Verdade do Verbo ensina aos que serão da Nova Igreja, que é a Nova Jerusalém.

CAPÍTULO QUARTO

O conteúdo de todo o capítulo Trata da coordenação e da preparação de tudo no Céu e para o Juízo, que se verificará por meio do Verbo e conforme ele, e do reconhecimento de que só o Senhor é Juiz.

O conteúdo de cada versículo (Ap 4.1) *Depois destas coisas, olhei, e eis que estava uma porta aberta no céu, e a primeira voz que ouvira, voz como de trombeta, falando comigo, disse: Sobe aqui, e mostrar-te-ei as coisas que depois destas devem acontecer.* A a manifestação a respeito da preparação do Céu para o último Juízo que se dará pelo Senhor e conforme as verdades Divinas do Verbo: influxo Divino (em João) e a conseguinte elevação da sua mente, produzindo nele manifesta percepção e revelação do que aconteceria antes, durante e depois do último Juízo.

(Ap 4.2) *Imediatamente fui arrebatado em espírito, e eis que um trono estava posto no céu, e um assentado sobre o trono...* Sua introdução num estado espiritual, em cujo estado aparece visível o que há no Céu. Sua visão de formas representativas do Juízo e do Senhor.

(Ap 4.3) *e aquele que estava assentado era, na aparência, semelhante a uma pedra de jaspe e sárdio; e havia ao redor do trono um arco-íris semelhante, na aparência, à esmeralda.* Assim como da Divina Sabedoria do Divino Amor, tal e como é nas coisas extremas, e tal e como é ao redor do Senhor

(Ap 4.4) *Havia também ao redor do trono vinte e quatro tronos; e sobre os tronos vi assentados vinte e quatro anciãos, vestidos de branco, que tinham nas suas cabeças coroas de ouro.* E tudo no Céu preparado para o último Juízo, que seria efetuado por meio da Divina Verdade do Verbo, a qual provém da Sabedoria, oriunda do Amor.

(Ap 4.5) *E do trono saíam relâmpagos, e vozes, e trovões; e diante do trono ardiam sete lâmpadas de fogo, as quais são os sete espíritos de Deus...* E vendo dimanar do Senhor ilustração, percepção e instrução. A Nova Igreja no Céu e na terra, que vem do Senhor por via da Divina Verdade, que procede dele.

(Ap 4.6) *também havia diante do trono como que um mar de vidro, semelhante ao cristal; e ao redor do trono, um ao meio de cada lado, quatro seres viventes cheios de olhos por diante e por detrás...* O Céu novo formado dos Cristãos (que se achavam nas verdades comuns do sentido literal do Verbo). O Verbo do Senhor em suas primeiras coisas e em suas últimas. Sua custódia e sua Divina sabedoria interior.

(Ap 4.7) *e o primeiro ser era semelhante a um leão; o segundo ser, semelhante a um touro; tinha o terceiro ser o rosto como de homem; e o quarto ser era semelhante a uma águia voando.* A Divina Verdade do Verbo a respeito de sua potência, a mesma a respeito da sua inclinação, a mesma a respeito da sua sabedoria, e a mesma a respeito de seus conhecimentos, e, por conseguinte, a respeito da sua inteligência.

(Ap 4.8) *Os quatro seres viventes tinham, cada um, seis asas, e ao redor e por dentro estavam cheios de olhos; e não têm descanso nem de noite, dizendo: Santo, Santo, Santo é o Senhor Deus, o Todo-Poderoso, aquele que era, e que é, e que há de vir.* O Verbo, a respeito de sua potência, sua custódia e sua Divina sabedoria, em seu sentido literal, por virtude de seu sentido espiritual e celestial, ensinando continuamente a verdade em relação ao Senhor, de que só Ele é Deus e que por isso só Ele deve ser adorado como único Senhor.

(Ap 4.9) *E, sempre que os seres viventes davam glória e honra e ações de graças ao que estava assentado sobre o trono, ao que vive pelos séculos dos séculos...* E atendendo ao testemunho do Verbo de que toda verdade, todo bem e todo culto pertence ao Senhor, que julgará, e que somente Ele é vida e que unicamente Dele provém a vida eterna.

(Ap 4.10) *os vinte e quatro anciãos prostravam-se diante do que estava assentado sobre o trono, e adoravam ao que vive pelos séculos dos séculos; e lançavam as suas coroas diante do trono, dizendo:* Humilhou-se ante Ele o Céu todo, reconhecendo todos ali que só Dele vem a Sabedoria;

(Ap 4.11) *Digno és, Senhor nosso e Deus nosso, de receber a glória e a honra e o poder; porque tu criaste todas as coisas, e por tua vontade existiram e foram criadas.* E confessando que do Senhor é o Reino por merecimento e justiça, porque Ele é a Divina Verdade e O Divino Bem, e todas as coisas no Céu e na Igreja são feitas e formadas por Ele com seu Divino Amor por meio da Sua Divina Sabedoria, ou seja, com Seu Divino Bem por meio da Sua Divina Verdade, que é o Verbo, e por Ele são reformados e regenerados os homens.

CAPÍTULO QUINTO

O conteúdo de todo o capítulo Que o Senhor efetuaria o Juízo em sua Divina Humanidade por meio do Verbo e conforme o Verbo, porque Ele próprio é o Verbo, e porque isso é reconhecido por todos nos três céus.

O conteúdo de cada versículo   (Ap 5.1) *Vi na destra do que estava assentado sobre o trono um livro escrito por dentro e por fora, bem selado com sete selos.*   O Senhor em sua Divindade *ab eterno*, que possui a Onipotência e a Onisciência, Ele que é o Verbo e que por própria virtude conhece o estado de vida de todos nos céus e na terra, em todo detalhe como em geral, o qual se acha inteiramente oculto para os anjos e os homens.

(Ap 5.2) *Vi também um anjo forte, clamando com grande voz: Quem é digno de abrir o livro e de romper os seus selos?*   A Divina Verdade, procedente do Senhor, influindo na intimidade dos pensamentos dos anjos e dos homens, e sua indagação sobre se alguém tinha faculdade e poder para conhecer o estado de vida de todos nos céus e na terra, para julgar cada um conforme seu próprio estado.

(Ap 5.3) *E ninguém no céu, nem na terra, nem debaixo da terra, podia abrir o livro, nem olhar para ele.*   Ninguém conseguiu nem nos céus superiores nem nos céus inferiores, nem no mínimo.

(Ap 5.4) *E eu chorava muito, porque não fora achado ninguém digno de abrir o livro nem de olhar para ele.* Dor profunda, porque se ninguém conseguisse, todos pereceriam.

(Ap 5.5) *E disse-me um dentre os anciãos: Não chores; eis que o Leão da tribo de Judá, a raiz de Davi, venceu para abrir o livro e romper os sete selos...*   Consolo ao saber que o Senhor, que enquanto esteve no mundo subjugou os Infernos e restabeleceu a ordem em todas as coisas pela potência do Divino Bem unida à Divina Verdade em Sua natureza Humana, tinha faculdade e poder para conhecer o estado de vida de cada um e de julgar a cada um segundo seu próprio estado.

(Ap 5.6) *Nisto vi, entre o trono e os quatro seres viventes, no meio dos anciãos, um Cordeiro em pé, como havendo sido morto, e tinha sete chifres e sete olhos, que são os sete espíritos de Deus, enviados por toda a terra.* O Senhor, em sua Natureza Humana, não reconhecida como divina na Igreja, fazendo com que em todas as coisas do Céu do Verbo e da Igreja se percebesse, desde o mais íntimo, Sua Onipotência, Onisciência e Divina Sabedoria da qual dimana a Divina Verdade a toda terra onde houver religião.

(Ap 5.7) *E veio e tomou o livro da destra do que estava assentado sobre o trono.* O Senhor em Sua Divina Humanidade é o Verbo por virtude do Seu Divino no Verbo, por cuja razão devia efetuar o Juízo em Sua Divina Humanidade.

(Ap 5.8) *Logo que tomou o livro, os quatro seres viventes e os vinte e quatro anciãos prostraram-se diante do Cordeiro, tendo cada um deles uma harpa e taças de ouro cheias de incenso, que são as orações dos santos.* Quando tudo estava preparado pelo Senhor para a verificação do Juízo. Estando tudo disposto e em ordem nos céus e na terra, houve humilhação e adoração do Senhor pelos anjos dos céus superiores, confessando a Sua Divina Humanidade com verdades e bens espirituais, que são os pensamentos da fé, que procedem das inclinações da caridade dos que assim adoram ao Senhor.

(Ap 5.9) *E cantavam um cântico novo, dizendo: Digno és de tomar o livro, e de abrir os seus selos; porque foste morto, e com o teu sangue compraste para Deus homens de toda tribo, e língua, e povo e nação...* Sua confissão e glorificação do Senhor: que só Ele é Juiz, redentor e salvador e, por conseguinte, Deus do Céu e da terra, e que só Ele tem faculdade e poder para reconhecer o estado de vida de todos e para julgar a cada um conforme seu próprio estado, libertar do Inferno e salvar o homem pela conjunção com Ele. Assim redime a todos que são da Igreja, os que tenham algo de religião e que em relação à doutrina se encontrem na verdade, e em relação à vida, se encontrem no bem.

(Ap 5.10) *e para o nosso Deus os fizeste reino, e sacerdotes; e eles reinarão sobre a terra.* Eles terão sabedoria pela Divina Verdade e amor pelo Divino Bem e estarão no Seu Reino, Ele neles e eles Nele.

(Ap 5.11) *E olhei, e vi a voz de muitos anjos ao redor do trono e dos seres viventes e dos anciãos; e o número deles era miríades de miríades; e o número deles era miríades de miríades e milhares de milhares...* Confissão e glorificação do Senhor pelos anjos dos céus inferiores, que se acham em verdades e bens.

(Ap 5.12) *que com grande voz diziam: Digno é o Cordeiro, que foi morto, de receber o poder, e riqueza, e sabedoria, e força, e honra, e glória, e louvor.* Sua confissão cordial de que o Senhor em Sua Divina Humanidade tem Onipotência e Onisciência, sendo (nela) o próprio Divino Bem e a própria Divina Verdade, e que estes atributos estão nela e ela neles.

(Ap 5.13) *Ouvi também a toda criatura que está no céu, e na terra, e debaixo da terra, e no mar, e a todas as coisas que neles há, dizerem: Ao que está assentado sobre o trono, e ao Cordeiro, seja o louvor, e a honra, e a glória, e o domínio pelos séculos dos séculos:* Confissão e glorificação do Senhor pelos anjos dos céus extremos, de que no Senhor *ab eterno* e por Ele em Sua Divina Humanidade, está o Céu, a Igreja, o Divino Bem, a Divina Verdade e a Divina Potestade, e por Ela neles.

(Ap 5.14) *e os quatro seres viventes diziam: Amém. E os anciãos prostraram-se e adoraram.* Divina confirmação do Verbo. Máxima humilhação de todos nos Céus e, pela humilhação, adoração Daquele do Qual vem a vida eterna e no Qual estará eternamente.

CAPÍTULO SEXTO

O conteúdo de todo o capítulo Trata daqueles que seriam objeto do Último Juízo. Sua exploração (pelo Senhor segundo a Divina Verdade do Verbo) para manifestar a qualidade de sua inteligência do Verbo e, por conseguinte, o estado de sua vida, resultando que havia:

Ap 6.1–2 Os que se achavam na verdade por causa do bem.

3–4 Os que careciam de bem.

7–8 Os que estavam completamente devastados a respeito do bem e da verdade.

9–11 Trata também do estado daqueles que se achavam na terra inferior, custodiados pelo Senhor por causa do mal, os quais seriam libertados no Juízo Final.

12–17 E, finalmente, dos que se achavam em males e falsidades, de como era seu estado no Juízo Final.

O conteúdo de cada versículo (Ap 6.1) *E vi quando o Cordeiro abriu um dos sete selos, e ouvi um dos quatro seres viventes dizer numa voz como de trovão: Vem!* Exploração pelo Senhor, segundo a Divina Verdade do Verbo, daqueles que seriam objeto do Juízo Final, sendo eles explorados a respeito da sua compreensão do Verbo e, por conseguinte, a respeito do estado da sua vida, cada classe por sua ordem. Os primeiros:

(Ap 6.2) *Olhei, e eis um cavalo branco; e o que estava montado nele tinha um arco; e foi-lhe dada uma coroa, e saiu vencendo, e para vencer.* Sua compreensão da verdade e do bem, adquirida por meio do Verbo, manifestada (em forma representativa), demonstrando que tinham a doutrina da verdade e do bem, adquirida do Verbo, e que lutavam mediante ela contra as falsidades e os males do inferno. A insígnia da sua luta. Sua eterna vitória sobre os males e as falsidades.

(Ap 6.3) *Quando ele abriu o segundo selo, ouvi o segundo ser vivente dizer: Vem!* Similar ao Ap 6.1, mas a respeito dos segundos da ordem.

(Ap 6.4) *E saiu outro cavalo, um cavalo vermelho; e ao que estava montado nele foi dado que tirasse a paz da terra, de modo que os homens se matassem uns aos outros; e foi-lhe dada uma grande espada.* Sua compreensão do Verbo perdida em relação ao bem e, por conseguinte, em relação à vida, sendo-lhes tirados o amor, a segurança espiritual, e a íntima tranqüilidade, e substituindo estes por ódio intestino, infestações do inferno, inquietudes internas e destruição da verdade pelas falsidades do mal.

(Ap 6.5) *Quando abriu o terceiro selo, ouvi o terceiro ser vivente dizer: Vem! E olhei, e eis um cavalo preto; e o que estava montado nele tinha uma balança na mão.* Similar ao Ap 6.1, mas em relação aos terceiros da ordem: sua compreensão do Verbo perdida a respeito da doutrina. Estimação do bem e da verdade, quais e como eram neles.

(Ap 6.6) *E ouvi como que uma voz no meio dos quatro seres viventes, que dizia: Um queniz de trigo por um denário, e três quenizes de cevada por um denário; e não danifiques o azeite e o vinho.* Custódia Divina do Verbo pelo Senhor, já que o bem e a verdade eram tão pouco estimados que quase nem se considerava serem algo. Providência feita pelo Senhor para que os santos bens e as verdades interiores do Verbo não sofressem humilhação e profanação.

(Ap 6.7) *Quando abriu o quarto selo, ouvi a voz do quarto ser vivente dizer: Vem!* Similar ao versículo 1, mas em relação aos quartos da ordem.

(Ap 6.8) *E olhei, e eis um cavalo amarelo, e o que estava montado nele chamava-se Morte; e o Hades seguia com ele; e foi-lhe dada autoridade sobre a quarta parte da terra, para matar com a espada, e com a fome, e com a peste, e com as feras da terra.* Sua compreensão do Verbo perdida tanto a respeito do bem quanto a respeito da verdade.

Extinção de sua vida espiritual e, por conseguinte, condenação. Destruição de todo bem da sua Igreja pelas falsidades da doutrina, pelos males da vida, pelo egoísmo e pelas concupiscências.

(Ap 6.9) *Quando abriu o quinto selo, vi debaixo do altar as almas dos que tinham sido mortos por causa da palavra de Deus e por causa do testemunho que deram.* Exploração pelo Senhor do estado de vida daqueles que no dia do Juízo final seriam libertados e salvos e que, por enquanto, estavam em custódia. Estes haviam sido rechaçados pelos maus por causa da sua vida segundo as verdades do Verbo e por confessarem a Divina Humanidade do Senhor, sendo, depois, custodiados pelo Senhor para não serem seduzidos.

(Ap 6.10) *E clamaram com grande voz, dizendo: Até quando, ó Soberano, santo e verdadeiro, não julgas e vingas o nosso sangue dos que habitam sobre a terra?.* Dor cordial destes, porque o Juízo Final demorava em ser verificado e em serem afastados os que violavam o Verbo, negando a Divindade do Senhor.

(Ap 6.11) *E foram dadas a cada um deles compridas vestes brancas e foi-lhes dito que repousassem ainda por um pouco de tempo, até que se completasse o número de seus conservos, que haviam de ser mortos, como também eles o foram.* Comunicação e conjunção deles com anjos, que se encontravam em Divinas verdades, manifestando eles que o Juízo Final demoraria um pouco ainda em ser verificado, até que estivessem recolhidos os demais, que, como eles, seriam recusados pelos maus.

(Ap 6.12) *E vi quando abriu o sexto selo, e houve um grande terremoto; e o sol tornou-se negro como saco de cilício, e a lua toda tornou-se como sangue...* Exploração pelo Senhor do estado de vida daqueles que eram interiormente maus e que compareceriam no Juízo final. Inversão total do estado da sua Igreja e seu terror por causa disso. Todo bem do amor neles adulterado e toda verdade da fé falsificada.

(Ap 6.13) *e as estrelas do céu caíram sobre a terra, como quando a figueira, sacudida por um vento forte, deixa cair os seus figos verdes.* Todo conhecimento do bem e da verdade afastado deles pelos raciocínios de sua mente natural, separada da espiritual.

(Ap 6.14) *E o céu recolheu-se como um livro que se enrola; e todos os montes e ilhas foram removidos dos seus lugares.* Sua separação do céu e conjunção com o inferno, desaparecendo neles completamente todo bem do amor e toda verdade da fé.

(Ap 6.15) *E os reis da terra, e os grandes, e os chefes militares, e os ricos, e os poderosos, e todo escravo, e todo livre, se esconderam nas cavernas e nas rochas das montanhas...* E os que antes de separar-se tinham entendimento do bem e da verdade, os conhecimentos correspondentes e a erudição adquirida ora de outros ora deles mesmos, precipitavam-se, então, em toda classe de males e nas conseguintes falsidades.

(Ap 6.16) *e diziam aos montes e aos rochedos: Caí sobre nós, e escondei-nos da face daquele que está assentado sobre o trono, e da ira do Cordeiro...* Confirmando-se no mal pelas falsidades do mal até não reconhecer coisa alguma Divina no Senhor.

(Ap 6.17) *porque é vindo o grande dia da ira deles; e quem poderá subsistir?* Tornaram-se assim por si mesmos, por se separarem dos bons e fiéis, por causa do último juízo, o qual não podiam sustentar de outra forma.

CAPÍTULO SÉTIMO

O conteúdo de todo o capítulo Trata daqueles que estão no céu (novo) cristão e daqueles que entrarão ali.

Ap 7.1–3 Primeiro, da sua separação dos maus.

4–8 Depois, dos que, entre eles, se encontram no amor ao Senhor e, por isso, em sabedoria, os quais formam os céus superiores.

9–17 Depois, daqueles que se encontram pelo Senhor na caridade e na fé, por terem lutado contra seus males, e que formam os céus inferiores.

O conteúdo de cada versículo (Ap 7.1) *Depois disto vi quatro anjos em pé nos quatro cantos da terra, retendo os quatro ventos da terra, para que nenhum vento soprasse sobre a terra, nem sobre o mar, nem contra árvore alguma.* O Céu universal, em atual esforço para ultimar o Juízo final sobre os que se achavam no mundo dos espíritos, o Senhor detendo e impedindo um influxo mais direto, e por isso mais forte, que (para o Juízo) ia verificar-se nas regiões inferiores, onde os bons estavam misturados com os maus.

(Ap 7.2–3) *E vi outro anjo subir do lado do sol nascente, tendo o selo do Deus vivo; e clamou com grande voz aos quatro anjos, quem fora dado que danificassem a terra e o mar, dizendo: Não danifiques a terra, nem o mar, nem as árvores, até que selemos na sua fronte os servos do nosso Deus.* O Senhor providente e moderador – único conhecedor de todos e cada um e único Poderoso para separar uns de outros – atualmente detendo e impedindo o influxo mais direto e forte sobre as regiões inferiores, até quando estiverem separados os que se encontravam nas verdades do bem pelo Senhor.

(Ap 7.4) *E ouvi o número dos que foram assinalados com o selo, cento e quarenta e quatro mil de todas as tribos dos filhos de Israel...* Separação dos que reconheciam ao Senhor por Deus do Céu e da terra, encontrando-se na verdade da doutrina por virtude do bem do amor ao Senhor por meio do Verbo, formando-se deles o Céu (novo) e a (nova) Igreja do Senhor.

(Ap 7.5) *da tribo de Judá havia doze mil assinalados; da tribo de Rúben, doze mil; da tribo de Gade, doze mil...* O amor celestial, ou seja, o amor ao Senhor naqueles que formaram (e formam) o Céu novo e a Nova Igreja. Sua sabedoria procedente do amor celestial. Os emolumentos da vida, que vêm pela sabedoria procedente desse amor neles.

(Ap 7.6) *da tribo de Aser, doze mil; da tribo de Naftali, doze mil; da tribo de Manassés, doze mil...* Seu amor mútuo. Sua percepção dos emolumentos e do que estes são. Sua vontade e anseio de produzir emolumentos e sua atividade.

(Ap 7.7) *da tribo de Simeão, doze mil; da tribo de Levi, doze mil; da tribo de Issacar, doze mil...* Seu amor espiritual, ou seja, seu amor ao próximo. Sua inclinação à verdade procedente do bem, de cuja inclinação vem a inteligência. O bem da sua vida.

(Ap 7.8) *da tribo de Zabulom, doze mil; da tribo de José, doze mil; da tribo de Benjamim, doze mil assinalados.* Seu amor conjugal do bem e a verdade neles. Sua doutrina do bem e a verdade. Sua vida segundo a verdade procedente do bem, de acordo com a doutrina.

(Ap 7.9) *Depois destas coisas olhei, e eis uma grande multidão, que ninguém podia contar, de todas as nações, tribos, povos e línguas, que estavam em pé diante do trono e em presença do Cordeiro, trajando compridas vestes brancas, e com palmas nas mãos...* Todos os outros no mundo espiritual, que mesmo sem estarem entre os já indicados, fariam parte, contudo, do Céu novo e da nova Igreja do Senhor, constituindo o céu inferior e a extrema Igreja, e cuja qualidade todos ignoravam, menos o Senhor. Ademais, todos os que se encontravam no mundo cristão, em religião pelo bem e em verdade pela doutrina, que escutavam ao Senhor e observavam Seus preceitos – estes e aqueles introduzidos em comunicação e conjunção com os céus superiores e confessando ao Senhor com verdades Divinas.

(Ap 7.10) *e clamavam com grande voz: Salvação ao nosso Deus, que está assentado sobre o trono, e ao Cordeiro.* Sua confissão cordial de ser O Senhor seu Salvador.

(Ap 7.11) *E todos os anjos estavam em pé ao redor do trono e dos anciãos e dos quatro seres viventes, e prostraram-se diante do trono sobre seus rostos, e adoraram a Deus...* Profunda e cordial humilhação de todos no Céu universal (os que escutam ao Senhor e obedecem Suas ordens), e, pela humilhação, adoração do Senhor.

(Ap 7.12) *dizendo: Amém. Louvor, e glória, e sabedoria, e ações de graças, e honra, e poder, e força ao nosso Deus, pelos séculos dos séculos. Amém.* Testemunho da Divina Verdade de que o Espiritual-Divino e o Celestial-Divino estão no Senhor e procedem do Senhor eternamente. Assentimento de todos.

(Ap 7.13–14) *E um dos anciãos me perguntou: Estes que trajam as compridas vestes brancas, quem são eles e donde vieram? Respondi-lhe: Meu Senhor, tu sabes. Disse-me ele: Estes são os que vêm da grande tribulação, e levaram as suas vestes e as branquearam no sangue do Cordeiro...* Anseio de saber e desejo de perguntar. Resposta com informação de que eram os que (no mundo) haviam experimentado tentações e haviam lutado contra os males e falsidades, afastando-os das suas crenças religiosas, sendo, assim, purificados das falsidades do mal pelas verdades e reformados pelo Senhor.

(Ap 7.15) *Por isso estão diante do trono de Deus, e o servem de dia e de noite no seu santuário; e aquele que está assentado sobre o trono estenderá o seu tabernáculo sobre eles.* Estes se encontram na presença do Senhor, vivendo constantemente fiéis conforme as verdades, que recebem Dele em Sua Igreja.

(Ap 7.16) *Nunca mais terão fome, nunca mais terão sede; nem cairá sobre eles o sol, nem calor algum...* No futuro, não lhes faltarão bens nem verdades, nem terão concupiscências do mal nem da falsidade do mal.

(Ap 7.17) *porque o Cordeiro que está no meio, diante do trono, os apascentará e os conduzirá às fontes das águas da vida; e Deus lhes enxugará dos olhos toda lágrima.* Porque o próprio Senhor lhes ensinará, guiando-os por meio das verdades do Verbo para entrar em conjunção consigo, e não terão mais que lutar contra os males e suas falsidades; assim, não experimentarão mais dor, pois estarão no bem e na verdade, e, por isso, em gozo celestial pelo Senhor.

CAPÍTULO OITAVO

O conteúdo de todo o capítulo Trata da Igreja Reformada, de como são os que se encontram unicamente na fé.

Ap 8.1–6 O céu espiritual se preparando para entrar em comunicação com eles.

7 Exploração e manifestação de como são os que estão no exterior daquela fé.

8–9 De como são os que estão no exterior da mesma.

10–11 Como são a respeito da sua compreensão do Verbo.

12–13 Que se acham em falsidades e, por isso, em males.

O conteúdo de cada versículo (Ap 8.1) *Quando abriu o sétimo selo, fez-se silêncio no céu, quase por meia hora.* Exploração pelo Senhor do estado da Igreja e, por conseguinte, do estado da vida dos que formavam Seu Reino Espiritual: os que se encontravam na caridade e sua fé. Aqui, os que se encontravam unicamente na fé. Intenso assombro dos anjos do Reino Espiritual do Senhor ao ver em semelhante estado os que pretendiam se encontrar na fé.

(Ap 8.2) *E vi os sete anjos que estavam em pé diante de Deus, e lhes foram dadas sete trombetas.* O céu espiritual em conjunto com a presença do Senhor, disposto a escutar e executar o que Ele mandar; a exploração e manifestação do estado da Igreja e, por conseguinte, do estado da vida dos que se encontravam unicamente na fé.

(Ap 8.3) *Veio outro anjo, e pôs-se junto ao altar, tendo um incensário de ouro; e foi-lhe dado muito incenso, para que o oferecesse com as orações de todos os santos sobre o altar de ouro que está diante do trono.* Adoração espiritual, que é adorar ao Senhor com o bem da caridade mediante as verdades da fé, e propiciação, para que os anjos do Reino Espiritual do Senhor não recebessem dano dos maus espíritos do Reino Satânico debaixo deles.

(Ap 8.4) *E da mão do anjo subiu diante de Deus a fumaça do incenso com as orações dos santos.* Sua adoração pelo Senhor.

(Ap 8.5) *Depois do anjo tomou o incensário, encheu-o do fogo do altar e o lançou sobre a terra; e houve trovões, vozes, relâmpagos e terremoto.* O amor espiritual, no qual está o amor celestial, influindo na região inferior, onde estavam os que se encontravam na fé separada do amor ao próximo, por cujo influxo, uma vez aberta a comunicação com eles se ouviram raciocínios unicamente sobre a fé e confirmações sobre ela mesma.

(Ap 8.6) *Então os sete anjos que tinham as sete trombetas prepararam-se para tocar.* O Reino espiritual em conjunto preparado e disposto para explorar o estado da Igreja naqueles que possuem como religião unicamente a fé.

(Ap 8.7) *O primeiro anjo tocou a sua trombeta, e houve saraivada e fogo misturado com sangue, que foram lançados na terra; e foi queimada a terça parte da terra, a terça parte das árvores, e toda a erva verde.* Exploração e manifestação de como era o estado da Igreja nos que se encontravam interiormente nessa fé, manifestando-se neles a falsidade do mal infernal, que destrói o bem e a verdade e falsifica o Verbo e perecendo toda sua inclinação à verdade e toda sua percepção dela, ou seja, tudo o que a Igreja faz no homem, perecendo, assim, toda a vida da sua fé.

(Ap 8.8) *O segundo anjo tocou a sua trombeta, e foi lançado no mar como que um grande monte ardendo em fogo, e tornou-se em sangue a terça parte do mar.* Exploração e manifestação de como era o estado da Igreja nos que se encontravam exteriormente nessa fé, sendo que seu amor era infernal, e que os princípios gerais da verdade, nos quais se encontravam, estavam falsificados.

(Ap 8.9) *E morreu a terça parte das criaturas viventes que havia no mar, e foi destruída a terça parte dos navios.* Aqueles que viveram e vivem segundo essa fé não podem ser reformados e receber vida, mas morrem espiritualmente, extinguindo-se até os conhecimentos do bem e a verdade que eles têm do Verbo para usar na sua vida.

(Ap 8.10) *O terceiro anjo tocou a sua trombeta, e caiu do céu uma grande estrela, ardendo como uma tocha, e caiu sobre a terça parte dos rios, e sobre as fontes das águas.* Exploração e manifestação de como era o estado da Igreja quanto à inclinação e recepção da verdade do Verbo naqueles que por religião têm unicamente a fé, manifestando-se neles a inteligência própria, que vem pelo orgulho, oriundo do amor infernal, por cuja inteligência são falsificadas totalmente as verdades do Verbo.

(Ap 8.11) *O nome da estrela era Absinto; e a terça parte das águas tornou-se em absinto, e muitos homens morreram das águas, porque se tornaram amargas.* A falsidade infernal, origem da própria inteligência pela qual todas as verdades do Verbo neles se encontram falsificadas, extinguindo-se em muitos a vida espiritual por causa da falsificação.

(Ap 8.12) *O quarto anjo tocou a sua trombeta, e foi ferida a terça parte do sol, a terça parte da lua, e a terça parte das estrelas; para que a terça parte deles se escurecesse, e a terça parte do dia não brilhante, e semelhantemente a da noite.* Exploração e manifestação de como era o estado da Igreja naqueles que por religião têm apenas a fé e que se encontram nos males da falsidade e nas falsidades do mal, tendo como resultado que, por causa dos seus males e falsidades, ignoravam o amor, a fé, e até toda a verdade, não existindo já neles verdade espiritual alguma, nem verdade natural que pudesse servir-lhes como doutrina para adquirir vida pelo Verbo.

(Ap 8.13) *E olhei, e ouvi uma águia que, voando pelo meio do céu, dizia com grande voz: Ai, ai, ai dos que habitam sobre a terra! por causa dos outros toques de trombeta dos três anjos que ainda vão tocar.* Advertência e predição do Senhor. Profunda lamentação por causa do estado condenatório em que se encontravam aqueles da Igreja que, por sua doutrina e vida, se confirmaram na fé separada da caridade.

CAPÍTULO NONO

O conteúdo de todo o capítulo

Ap 9.1–12 Trata da exploração (e manifestação de como era o estado da Igreja) dos doutos e sábios na Igreja Reformada, confirmados na fé separada da caridade e na justificativa e salvação unicamente pela fé.

13–19 Da exploração e manifestação de como eram os não tão doutos e sábios como os anteriores, mas confirmados na fé só e vivendo conforme seus desejos.

20–21 Por fim, trata daqueles que só sabem que apenas a fé é tudo quando é necessário para a salvação do homem, ignorando o resto.

O conteúdo de cada versículo (Ap 9.1) *O quinto anjo tocou a sua trombeta, e vi uma estrela que do céu caíra* *sobre a terra; e foi-lhe dada a chave do poço do abismo.* Exploração e manifestação de como eram os da Igreja Reformada chamados doutos e sábios, confirmados na fé separada da caridade, e na justificativa e salvação apenas pela fé. Influxo da Divina Verdade do Céu na Igreja, explorando-os e revelando seu interior. Seu inferno aberto.

(Ap 9.2) *E abriu o poço do abismo, e subiu fumaça do poço, como fumaça de uma grande fornalha; e com a fumaça do poço escureceram-se o sol e o ar.* As falsidades das concupiscências no homem exterior ou natural, procedentes de seus maus amores, cujas falsidades transformam a luz da verdade em trevas.

(Ap 9.3) *Da fumaça saíram gafanhotos sobre a terra; e foi-lhes dado poder, como o que têm os escorpiões da terra.* Das quais resultam falsidades em todo seu ser exterior, como acontece com aqueles que se tornam sensuais olhando e julgando tudo pelos sentidos corporais e suas falácias. Seu poder persuasivo para fazer crer que suas falsidades são verdades.

(Ap 9.4) *Foi-lhes dito que não fizessem dano à erva da terra, nem a verdura alguma, nem a árvore alguma, mas somente aos homens que não têm na fronte o selo de Deus.* A Divina Providência do Senhor impedindo-lhes de tirar verdade ou bem algum da fé, nem inclinação, nem percepção em outros que não sejam aqueles que não se encontravam na caridade e, por conseguinte, não se encontravam na fé (verdadeira).

(Ap 9.5) *Foi-lhes permitido, não que os matassem, mas que por cinco meses os atormentassem. E o seu tormento era semelhante ao tormento do escorpião, quando fere o homem.* A estes tampouco lhes era permitido tirar a faculdade de entender a verdade e de querer o bem, mas só introduzi-los por breve tempo num letargo, por meio de seu poder persuasivo.

(Ap 9.6) *Naqueles dias os homens buscarão a morte, e*

de modo algum a acharão; e desejarão morrer, e a morte fugirá deles. Os que se confirmaram na doutrina da fé separada do amor querem que, em assuntos da fé, o entendimento seja cego e a vontade impotente, despojando-se, assim, de toda luz e vida espiritual. Mas a Providência do Senhor zela que o entendimento, contudo, não feche, e que a vontade não seja invalidada, para que não se apaguem a luz e a vida do homem.

(Ap 9.7) *A aparência dos gafanhotos era semelhante à de cavalos aparelhados para a guerra; e sobre as suas cabeças havia como que umas coroas semelhantes ao ouro; e os seus rostos eram como rostos de homens.* Os que se confirmaram na fé separada do amor são, segundo seu próprio parecer, como quem milita por uma verdadeira compreensão do Verbo, considerando-se vitoriosos e sábios.

(Ap 9.8) *Tinham cabelos como cabelos de mulheres, e os seus dentes eram como os de leões.* Acreditam se achar com inclinação à verdade e pensam que as idéias sensuais de sua mente prevalecem contra todos.

(Ap 9.9) *Tinham couraças como couraças de ferro; e o ruído das suas asas era como o ruído de carros de muitos cavalos que correm ao combate.* Os raciocínios que fazem a base de suas falácias por meio de cujos raciocínios lutam e prevalecem, achando eles terem uma força invencível, como se proviessem das genuínas verdades doutrinais do Verbo, perfeitamente entendidas, mediante as quais acreditam lutar.

(Ap 9.10) *Tinham caudas com ferrões, semelhantes às caudas dos escorpiões; e nas suas caudas estava o seu poder para fazer dano aos homens por cinco meses.* Mas suas verdades são verdades falsificadas do Verbo, com as quais provocam adormecimento porque, por meio de astutas falsificações, ofuscam e fascinam o entendimento por um breve tempo com engano e sedução.

(Ap 9.11) *Tinham sobre si como rei o anjo do abismo, cujo nome em hebraico é Abaddon e em grego Apolyōn.*

Estes, que se encontram em falsidade por suas concupiscências e que destruíram a Igreja por uma completa falsificação do Verbo, estão no inferno satânico.

(Ap 9.12) *Passado é já um ai; eis que depois disso vêm ainda dois ais.*   Novos lamentos sobre o estado da Igreja.

(Ap 9.13–14) *O sexto anjo tocou a sua trombeta; e ouvi uma voz que vinha das quatro pontas do altar de ouro que estava diante de Deus, a qual dizia ao sexto anjo, que tinha a trombeta: Solta os quatro anjos que se acham presos junto do grande rio Eufrates.*   Exploração e manifestação do estado de vida daqueles da Igreja Reformada que não são tão doutos (como os anteriores), pondo, no entanto, toda sua religião apenas na fé, cuja fé é para eles coisa exclusivamente do pensamento e não da vida, a que conduzem o seu prazer e gosto. Ordem do Senhor, por meio do céu espiritual, aos anjos exploradores e reveladores de tirar deles os vínculos exteriores para as coisas interiores das suas mentes aparecerem manifestas.

(Ap 9.15) *E foram soltos os quatro anjos que haviam sido preparados para aquela hora e dia e mês e ano, a fim de matarem a terça parte dos homens.*   Tirados os vínculos, as coisas interiores das suas mentes se manifestaram, pois se achavam em perpétuo esforço de privar o homem-igreja da sua luz e vida espiritual.

(Ap 9.16) *O número dos exércitos dos cavaleiros era de duas miríades de miríades; pois ouvi o número deles.*   Ouvindo seus raciocínios baseados unicamente na fé, formados por uma abundância de abomináveis falsidades, de cujos raciocínios estava cheio o interior de sua mente, percebendo-se sua qualidade.

(Ap 9.17) *E assim vi os cavalos nesta visão: os que sobre eles estavam montados tinham couraças de fogo, e de jacinto, e de enxofre; e as cabeças dos cavalos eram como cabeças de leões; e de suas bocas saíam fogo, fumaça e enxofre.*   Que ditos raciocínios eram fantasias e vãs visões e que eles mesmos eram espiritualmente dementes em conseqüência dos mesmos. Seus argumentos vãos e falsos procedem do amor infernal, da própria inteligência, e da conseguinte concupiscência. Suas fantasias, nascidas apenas da fé, parecem-lhes cheias de potência. Seus pensamentos e sua fala, vistos interiormente, não envolvem mais que amor a si mesmos e amor ao mundo, nem saem deles mais que esses dois amores, que constituem o *proprium* da sua vontade, cujo ponto em comum é o orgulho da própria inteligência e a concupiscência do mal e a falsidade, procedentes desses dois amores.

(Ap 9.18) *Por estas três pragas foi morta a terça parte dos homens, isto é, pelo fogo, pela fumaça e pelo enxofre, que saíam das suas bocas.* Por estes perece a Igreja nos homens.

(Ap 9.19) *Porque o poder dos cavalos estava nas suas bocas e nas suas caudas. Porquanto as suas caudas eram semelhantes a serpentes, e tinham cabeças, e com elas causavam dano.* Produzem seu mortífero efeito pela fala, confirmando apenas a fé, porque, sendo sensuais e perversos, falam (certamente) verdade com a boca, mas falsificando-a por causa do princípio falso que constitui o ponto capital da doutrina de sua religião. E assim enganam.

(Ap 9.20) *Os outros homens, que não foram mortos por estas pragas, não se arrependeram das obras das suas mãos, para deixarem de adorar aos demônios, e aos ídolos de ouro, de prata, de bronze, de pedra e de madeira, que nem podem ver, nem ouvir, nem andar.* E o resto da Igreja Reformada, que não são tão espiritualmente mortos como os anteriores por seus raciocínios visionários, por seu egoísmo e pelo orgulho de sua própria inteligência e as conseguintes concupiscências; reconhecendo, no entanto, a fé unicamente pela doutrina principal de sua religião, tampouco subestimam como pecado seu próprio mal, do qual nascem concupiscências, formando unidade com seus parecidos no Inferno, enquanto praticam um culto cheio de falsidades, sem vida espiritual alguma, e sem nada verdadeiramente racional.

(Ap 9.21) *Também não se arrependeram dos seus homicídios, nem das suas feitiçarias, nem da sua prostituição, nem dos seus furtos.* E, assim, a heresia da fé determina inabilidade, frieza e dureza do coração, de modo que não se preocupam com os preceitos do Decálogo, nem de examinar sua vida para encontrar pecados, dos quais devem se afastar por serem do Diabo e contrários a Deus.

CAPÍTULO DÉCIMO

O conteúdo de todo o capítulo Continua tratando da exploração e manifestação de como são aqueles da Igreja Reformada. Aqui, a respeito do que acreditam ser concernente ao Senhor.

Se (efetivamente) é Deus do Céu e da Terra (como Ele próprio ensina em Mateus 28.18).

Que esta verdade não é admitida por eles, e que dificilmente podem admiti-la enquanto predominar no seu coração a doutrina da justificativa unicamente pela fé.

O conteúdo de cada versículo (Ap 10.1) *E vi outro anjo forte que descia do céu, vestido de uma nuvem; por cima da sua cabeça estava o arco-íris; o seu rosto era como o sol, e os seus pés como colunas de fogo...* Aparição do Senhor em Divina Majestade e Potência. Seu Natural-Divino e seu Espiritual-Divino. Seu Divino Amor e Sabedoria. Seu Natural-Divino quanto ao Divino Amor, que sustenta todas as coisas.

(Ap 10.2) *e tinha na mão um livrinho aberto. Pôs o seu pé direito sobre o mar, e o esquerdo sobre a terra...* O Verbo com especial referência àquele ensinamento de que o Senhor é Deus do Céu e da Terra, e que sua Humanidade é Divina. A Igreja universal sob os auspícios do Senhor.

(Ap 10.3) *e clamou com grande voz, assim como ruge o leão; e quando clamou, os sete trovões fizeram soar as suas vozes.* Grande lamento sobre a Igreja por ter se afastado do Senhor. O Senhor manifesta ao céu universal o que estava escrito no livro.

(Ap 10.4) *Quando os sete trovões acabaram de soar eu já ia escrever, mas ouvi uma voz do céu, que dizia: Sela o que os sete trovões falaram, e não o escrevas.* O qual, apesar de manifestado, não será recebido (no mundo) até que os significados pelo "Dragão", a "Besta" e o "falso Profeta" hajam sido tirados do mundo dos espíritos, porque antes seria perigoso.

(Ap 10.5-6) *O anjo que vi em pé sobre o mar e sobre a terra levantou a mão direita ao céu, e jurou por aquele que vive pelos séculos dos séculos, o qual criou o céu e o que nele há, e a terra e o que nela há, e o mar e o que nele há, que não haveria mais demora...* O Senhor, que dá a vida a todos no Céu e na Igreja, e a cada mínimo detalhe neles, declara e testifica por Si próprio que se não se reconhecer a um só Deus e que este é o Senhor, não haverá no futuro estado de Igreja nem Igreja.

(Ap 10.7) *mas que nos dias da voz do sétimo anjo, quando este estivesse para tocar a trombeta, se cumpriria o mistério de Deus, como anunciou aos seus servos, os profetas.* Porque, da exploração e manifestação do estado final da Igreja, resulta que esta pereceria se o Senhor não estabelecesse uma nova. A esta será revelado o que em ambos Testamentos se acha anunciado pelo Verbo e que até agora permaneceu oculto: que depois do Juízo final sobre os que devastaram a Igreja virá o reino do Senhor.

(Ap 10.8) *A voz que eu do céu tinha ouvido tornou a falar comigo, e disse: Vai, e toma o livro que está aberto na mão do anjo que se acha em pé sobre o mar e sobre a terra.* Mandato do Céu a João de conhecer a doutrina do Senhor, para que por meio dele se manifestasse de que modo esta doutrina seria recebida na Igreja antes de serem afastados os significados pelo "dragão", a "besta" e o "falso Profeta":

(Ap 10.9) *E fui ter com o anjo e lhe pedi que me desse o livrinho. Disse-me ele: Toma-o, e come-o; ele fará amargo o teu ventre, mas na tua boca será doce como mel.* Que vários se sentiriam dispostos a receber a doutrina e que sua recepção seria grata e agradável por causa do reconhecimento de que o Senhor é Redentor e salvador; mas que a admissão de que Ele só é Deus do Céu e da Terra, e que sua Humanidade é Divina, seria desagradável e incômoda por causa das falsificações.

(Ap 10.10) *Tomei o livrinho da mão do anjo, e o comi; e na minha boca era doce como mel; mas depois que o comi, o meu ventre ficou amargo.* Fez-se assim, com o resultado indicado.

(Ap 10.11) *Então me disseram: Importa que profetizes outra vez a muitos povos e nações e línguas e reis.* Devendo, por isso, continuar ensinando-se quais e como são os que se encontram unicamente na fé.

CAPÍTULO UNDÉCIMO

O conteúdo de todo o capítulo Continua tratando do estado da Igreja entre os Reformados. De quais e como são os que se encontram interiormente apenas na fé em oposição com as duas essências da Nova igreja: que o Senhor só é Deus do Céu e da Terra, pois sua Humanidade é Divina, e que é necessário viver segundo os preceitos do Decálogo.

Ap 11.3–6 Que essas duas essências lhes foram predicadas.

7–10 Mas foram decididamente recusadas.

11–12 Que o Senhor volta a suscitá-las.

13 Que pereceram aqueles que a recusarem.

15–19 Que do céu novo se manifestará o estado da Nova Igreja.

O conteúdo de cada versículo (Ap 11.1) *Foi-me dada uma cana semelhante a uma vara; e foi-me dito: Levanta-te, mede o santuário de Deus, e o altar, e os que nele adoram...* Faculdade e poder (dados a João) de conhecer e ver o estado da Igreja no Céu e no mundo. Presença do Senhor e seu mandato de ver e conhecer o estado da Igreja no céu novo.

(Ap 11.2) *Mas deixa o átrio que está fora do santuário, e não o meças; porque foi dado aos gentios; e eles pisarão a cidade santa por quarenta e dois meses.* Quanto à Igreja na terra, seu estado atual será tirado e não mais será conhecido. Será destruída e assolada pelo mal da vida, e a verdade do Verbo será dissipada até não restar vestígio dela.

(Ap 11.3) *E concederei às minhas duas testemunhas que, vestidas de saco, profetizem por mil duzentos e sessenta dias.* Os que de coração reconhecem e confessam que o Senhor é Deus do Céu e da Terra e que sua Humanidade é Divina, estando em conjunção com Ele por viver segundo os preceitos do Decálogo, ensinarão, até o fim (da Igreja atual) e o princípio (da Nova) as duas essências da Nova Igreja: o reconhecimento do Senhor e da vida segundo os preceitos do Decálogo, com profunda dor, vendo que a verdade não é admitida.

(Ap 11.4) *Estas são as duas oliveiras e os dois candeeiros que estão diante do Senhor da terra.* Nestes há amor e inteligência, ou seja, caridade e fé procedentes do Senhor.

(Ap 11.5) *E, se alguém lhes quiser fazer mal, das suas bocas sairá fogo e devorará os seus inimigos; pois se alguém lhes quiser fazer mal, importa que assim seja morto.* Se alguém quiser destruir as indicadas duas verdades essenciais da Nova Igreja, este perecerá de amor infernal, e aquele que as condenar será igualmente condenado.

(Ap 11.6) *Elas têm poder para fechar o céu, para que não chova durante os dias da sua profecia; e têm poder sobre as águas para convertê-las em sangue, e para ferir a terra com toda sorte de pragas, quantas vezes quiserem.* Os que se afastam destas duas verdades essenciais não podem receber verdade alguma do céu, mas falsificarão todas as verdades do Verbo e os que querem destruí-las em si, se precipitarão em todo gênero de mal à medida que o fizerem.

(Ap 11.7) *E, quando acabarem o seu testemunho, a besta que sobe do abismo lhes fará guerra e as vencerá e matará.* Quando as duas verdades essenciais hajam sido ensinadas pelo Senhor, opor-se-ão os que se encontram interiormente na doutrina da fé, e lutarão contra elas rechaçando-as em si mesmos e, assim que puderem, em outros.

(Ap 11.8) *E jazerão os seus corpos na praça da grande cidade, que espiritualmente se chama Sodoma e Egito, onde também o seu Senhor foi crucificado.* E serão completamente recusadas pelos dois amores infernais (diametralmente opostos a elas): o amor de dominar, que vem do amor a si mesmo (egoísmo) e o amor de reinar, que vem do orgulho da própria inteligência. Esses dois amores predominam na Igreja quando nela não se reconhece a um só Deus e não se adora ao Senhor como Deus, quando não se vive segundo os preceitos do Decálogo e se nega que a Humanidade do Senhor é Divina, encontrando-se todos na Igreja num estado de perpétua recusa.

(Ap 11.9) *Homens de vários povos, e tribos e línguas, e nações verão os seus corpos por três dias e meio, e não permitirão que sejam sepultados.* No final da Igreja, a qual ainda se acha no começo da nova, aqueles que pela fé terão vivido e ainda viverão em falsidades a respeito da doutrina e em males em relação à vida, tendo ouvido e ouvindo as indicadas duas essenciais, as terão condenado e as condenarão.

(Ap 11.10) *E os que habitam sobre a terra se regozijarão sobre eles, e se alegrarão; e mandarão presentes uns aos outros, porquanto estes dois profetas atormentaram os que habitam sobre a terra.* Felicidade do coração e da alma daqueles na Igreja que se encontram unicamente na fé, e sua confraternização de amor e amizade por serem recebidas com desdém, incômodo e aversão as duas verdades essenciais da Nova Igreja, que são contrárias às duas falsidades essenciais da Igreja Reformada, cujas verdades essenciais são a trindade de Pessoas e a salvação pela fé sem as obras da lei.

(Ap 11.11) *E depois daqueles três dias e meio o espírito de vida, vindo de Deus, entrou neles, e puseram-se sobre seus pés, e caiu grande temor sobre os que os viram.* As duas são verdades essenciais da Nova Igreja vivificadas pelo Senhor naqueles que as recebem, ao começar esta Igreja e conforme ela progredir. A conturbação dos maus e sua consternação ao ver que (a Nova Igreja) efetivamente é verdade Divina.

(Ap 11.12) *E ouviram uma grande voz do céu, que lhes dizia: Subi para cá. E subiram ao céu em uma nuvem; e os seus inimigos os viram...* As duas verdades essenciais da Nova Igreja elevadas pelo Senhor ao Céu, de onde procederam e onde moram. Sua proteção e conjunção com o Senhor mediante a Divina Verdade do sentido literal do Verbo, ouvindo-o e vendo-o aqueles que se encontram na fé separada da caridade, sem, por isso, renunciar às suas falsidades.

(Ap 11.13) *E naquela hora houve um grande terremoto, e caiu a décima parte da cidade, e no terremoto foram mortos sete mil homens; e os demais ficaram atemorizados, e deram glória ao Deus do céu.* Experimentaram, então, uma completa mudança de estado: tirados do Céu, se afundaram no Inferno. Nesse estado perecem os que vivem unicamente segundo a fé, tirando toda importância das obras de caridade (vida segundo o Decálogo). Mas aqueles que (na sua vida) agregaram à sua fé alguma caridade, vendo-os sucumbir, reconhecem o Senhor, sendo separados deles.

(Ap 11.14.) *É passado o segundo ai; eis que cedo vem o terceiro.* Lamento por causa do estado perverso da Igreja. Depois (virá) o lamento final, cuja causa se manifestará no que segue.

(Ap 11.15) *E tocou o sétimo anjo a sua trombeta, e houve no céu grandes vozes, que diziam: O reino do mundo passou a ser de nosso Senhor e do seu Cristo, e ele reinará pelos séculos dos séculos.* Exploração e manifestação de como será o estado da Igreja depois da consumação quando se verificar a vinda do Senhor e de Seu Reino. Alegria dos anjos por ter voltado a ser do Senhor o Céu e a Igreja, como eram no começo, e mais agora porque agora são também de Sua Divina Humanidade, de maneira que o Senhor reina a respeito de ambas Naturezas eternamente sobre o Céu e a Igreja.

(Ap 11.16) *E os vinte e quatro anciãos, que estão assentados em seus tronos diante de Deus, prostraram-se sobre seus rostos e adoraram a Deus...* Todos os anjos do Céu confessando que o Senhor é Deus do Céu e da Terra. Suma adoração.

(Ap 11.17) *dizendo: Graças te damos, Senhor Deus Todo-Poderoso, que és, e que eras, porque tens tomado o teu grande poder, e começaste a reinar.* Sua confissão e louvor do Senhor, que é em Si mesmo, que vive e tem poder de si mesmo e por si mesmo e reina sobre todas as coisas, assim sendo que só Ele é eterno e infinito e por ele existem o Céu novo e a Nova Igreja, na qual só Ele é reconhecido por Deus.

(Ap 11.18) *Iraram-se, na verdade, as nações; então veio a tua ira, e o tempo de serem julgados os mortos, e o tempo de dares recompensa aos teus servos, os profetas, e aos santos, e aos que temem o teu nome, a pequenos e a grandes, e o tempo de destruíres os que destroem a terra.* Irritação dos que se encontram unicamente na fé e, por conseguinte, nos males da vida, infestando os que são contrários à sua fé. Perdição e juízo final dos espiritualmente mortos. Bem-aventurança da vida eterna para os que se encontram nas verdades da doutrina pelo Verbo e vivem segundo elas, amando o que é do Senhor tanto no menor quanto no maior. Despedida para o Inferno dos destruidores da Igreja.

(Ap 11.19) *Abriu-se o santuário de Deus que está no céu, e no seu santuário foi vista a arca do seu pacto; e houve relâmpagos, vozes e trovões, e terremoto e grande saraivada.* Aparição do Céu novo, no qual se adora ao Senhor em Sua Divina Humanidade e se vive conforme os preceitos de seu Decálogo, reconhecendo-se as duas verdades essenciais da Nova Igreja, mediante as quais se verifica a conjunção com o Senhor. Então se ouviram nas regiões inferiores raciocínios, inversões (das santas coisas da Igreja) e falsificações do bem e a verdade.

CAPÍTULO DUODÉCIMO

O conteúdo de todo o capítulo   Trata da Nova Igreja e sua Doutrina. (A "mulher" representa a Nova Igreja e seu "filho" a Doutrina).

Trata também dos da Igreja atual, que, segundo sua doutrina, acreditam que a Divindade consta de três Pessoas; que a Pessoa de Cristo tem uma dupla Natureza, e que unicamente a fé justifica e salva (estes são representados pelo "Dragão").

Depois trata da perseguição da Nova Igreja por estes por causa de sua doutrina e de sua proteção pelo Senhor até aumentar de poucos para muitos.

O conteúdo de cada versículo   (Ap 12.1) *E viu-se um grande sinal no céu: uma mulher vestida do sol, tendo a lua debaixo dos seus pés, e uma coroa de doze estrelas sobre a sua cabeça.*   Revelação pelo Senhor a respeito da Sua Nova Igreja no Céu, e na terra e que sua Doutrina será dificilmente admitida. A Nova Igreja no Céu, que é o céu novo e a mesma na terra, que é a Nova Jerusalém. A sabedoria e inteligência desta igreja pelos conhecimentos que possui da Divina verdade do Verbo.

(Ap 12.2) *E estando grávida, gritava com as dores do parto, sofrendo tormentos para dar à luz...* A Doutrina nascente da Nova Igreja e sua difícil admissão por causa da oposição dos significados pelo "Dragão".

(Ap 12.3) *Viu-se também outro sinal no céu: eis um grande dragão vermelho que tinha sete cabeças e dez chifres, e sobre as suas cabeças sete diademas...* Revelação pelo Senhor da qualidade e caráter dos antagonistas da Nova Igreja e sua Doutrina. Os da Igreja Reformada, que de Deus fazem três e do Senhor fazem dois; que separam a caridade da fé e pretendem que esta, e não também aquela, é salvadora. Sua insanidade por causa de suas falsificações e profanações do Verbo. Seu grande poder. Todas as verdades do Verbo falsificadas e profanadas neles.

(Ap 12.4) *a sua cauda levava após si a terça parte das estrelas do céu, e lançou-as sobre a terra; e o dragão parou diante da mulher que estava para dar à luz, para que, dando ela à luz, lhe devorasse o filho.* Desaparecimento de todos os conhecimentos espirituais do Bem e a Verdade da Igreja, por causa das falsificações da Verdade do Verbo, e sua completa dissipação pela aplicação das falsidades. A intenção do chamado "Dragão" de destruir a Doutrina da Nova Igreja em sua primeira origem.

(Ap 12.5) *E deu à luz um filho, um varão que há de reger todas as nações com vara de ferro; e o seu filho foi arrebatado para Deus e para o seu trono.* A Doutrina da Nova Igreja, que por meio de verdades do sentido literal do Verbo, e pelo racional que procede da luz natural, convencerá da verdade a quantos quiserem se deixar convencer pelos que, por causa da fé em si ou da fé separada da caridade, se encontram numa adoração morta. A Proteção desta doutrina pelo Senhor e sua custódia pelos anjos do céu.

(Ap 12.6) *E a mulher fugiu para o deserto, onde já tinha lugar preparado por Deus, para que ali fosse alimentada durante mil duzentos e sessenta dias.* A Igreja (A Nova Jerusalém) primeiro entre uns poucos. Seu estado enquanto se prepara para sua extensão a outros até alcançar um desenvolvimento determinado.

(Ap 12.7) *Então houve guerra no céu: Miguel e os seus anjos batalhavam contra o dragão. E o dragão e os seus anjos batalhavam...* Luta entre as falsidades da Igreja anterior e as verdades da Nova.

(Ap 12.8) *mas não prevaleceram, nem mais o seu lugar se achou no céu.* Resultando vencidos e convictos os que vivem nas falsidades do mal, e permanecendo nelas apesar da convicção, perderam a conjunção com o céu e caíram.

(Ap 12.9) *E foi precipitado o grande dragão, a antiga serpente, que se chama o Diabo e Satanás, que engana todo o mundo; foi precipitado na terra, e os seus anjos foram precipitados com ele.* Afastando-se do Senhor para si mesmos e do Céu para o mundo, abandonando-se aos males da concupiscência e sua falsidades, pervertendo todas as coisas da Igreja e se precipitando no mundo dos espíritos, que é intermediário entre o Céu e o Inferno, e em direta comunhão com os homens na terra.

(Ap 12.10) *Então, ouvi uma grande voz no céu, que dizia: Agora é chegada a salvação, e o poder, e o reino do nosso Deus, e a autoridade do seu Cristo; porque já foi lançado fora o acusador de nossos irmãos, o qual diante do nosso Deus os acusava dia e noite.* Felicidade dos anjos do Céu por reinar, agora, apenas o Senhor no Céu e na Igreja e por serem salvos os que acreditam Nele, sendo pelo juízo final afastados os que se opunham à Doutrina da Nova Igreja (no mundo espiritual).

(Ap 12.11) *E eles o venceram pelo sangue do Cordeiro e pela palavra do seu testemunho; e não amaram as suas vi-*

das até a morte. E vencendo, pelas Divinas verdades do Verbo e pela confissão do Senhor, os que amam ao Senhor mais do que a si próprios.

(Ap 12.12) *Pelo que alegrai-vos, ó céus, e vós que neles habitais. Mas ai da terra e do mar! porque o Diabo desceu a vós com grande ira, sabendo que pouco tempo lhe resta.* Novo estado do Céu. Conjunção mútua entre o Senhor e os anjos. Lamento sobre aqueles da Igreja que se encontram nas falsidades da fé e, por conseguinte, nos males da vida, porque agora teriam conjunção com os *Draconistas*, que sabem que o Céu novo está formado, e que a Nova Igreja na terra logo estará em seu (determinado) desenvolvimento, quando o "Dragão" e seus adeptos serão jogados ao Inferno.

(Ap 12.13) *Quando o dragão se viu precipitado na terra, perseguiu a mulher que dera à luz o filho varão.* Inveja dos *Draconistas* depois de terem sido jogados no mundo dos espíritos, de infestar a Nova Igreja por causa da sua Doutrina.

(Ap 12.14) *E foram dadas à mulher as duas asas da grande águia, para que voasse para o deserto, ao seu lugar, onde é sustentada por um tempo, e tempos, e metade de um tempo, fora da vista da serpente.* Circunspecção Divina para a proteção da Nova Igreja enquanto esta se achar entre uns poucos. Solícita provisão e cuidado do Senhor por causa dos astutos sedutores, contribuindo para o incremento e desenvolvimento da Igreja até alcançar sua determinada medida.

(Ap 12.15) *E a serpente lançou da sua boca, atrás da mulher, água como um rio, para fazer que ela fosse arrebatada pela corrente.* Multidão de raciocínios formados por falsidades, lançados pelos *Draconistas* para destruir a Igreja.

(Ap 12.16) *A terra, porém, acudiu à mulher; e a terra abriu a boca, e tragou o rio que o dragão lançara da sua boca.* Aniquilação destes raciocínios pelas verdades espirituais, racionalmente entendidas e expostas pelos adeptos de *Miguel*, que constituem a Nova Igreja.

(Ap 12.17) *E o dragão irou-se contra a mulher, e foi fazer guerra aos demais filhos dela, os que guardam os mandamentos de Deus, e mantêm o testemunho de Jesus.* Irritação dos que acreditam serem sábios por sua confirmação (do dogma) da união mística entre a Divindade e a Humanidade do Senhor e da justificativa da fé. Seu profundo ódio contra aqueles que reconhecem e confessam apenas ao Senhor por Deus do Céu e da Terra, e que o Decálogo é a lei da vida. Sua agressão contra os recém iniciados na Nova Igreja, tentando seduzi-los.

(Ap 12.18) *E o dragão parou sobre a areia do mar.* O estado do Apóstolo, agora espírito-natural.

CAPÍTULO DÉCIMO-TERCEIRO

O conteúdo de todo o capítulo Neste capítulo continua se tratando do "Dragão" para descrever a doutrina ou a fé dos *Draconistas*, primeiro em relação aos leigos e depois em relação ao clero.

Ap 13.1–10 Com "a besta que subiu do mar" descreve-se esta doutrina e fé nos leigos.

11–17 Com "a besta que subiu da terra" descreve-se a mesma no Clero.

18 Ademais, se trata de que as verdades do Verbo são falsificadas neles.

O conteúdo de cada versículo (Ap 13.1) *Então vi subir do mar uma besta que tinha dez chifres e sete cabeças, e sobre os seus chifres dez diademas, e sobre as suas cabeças nomes de blasfêmia.* Manifestação em forma representativa de quem e como são os leigos da Igreja Reformada, que se encontram na fé dracônica a respeito de Deus e da salvação.

Sua demência por causa das falsidades; seu grande poder para falsificar as verdades do Verbo. Sua negação da Divina Humanidade do Senhor. Sua doutrina, que não procede do Verbo, mas exclusivamente da sua própria inteligência.

(Ap 13.2) *E a besta que vi era semelhante ao leopardo, e os seus pés como os de urso, e a sua boca como a de leão; e o dragão deu-lhe o seu poder e o seu trono e grande autoridade.* Sua heresia destruidora que assola a Igreja, composta de verdades falsificadas do Verbo e cheia de falácias por uma equivocada interpretação do sentido literal do Verbo, que é lido sem ser entendido. Seus raciocínios baseados em falsidades que lhes parecem verdades. O predomínio dessa heresia por causa da sua favorável acolhida pelos leigos.

(Ap 13.3) *Também vi uma de suas cabeças como se fora ferida de morte, mas a sua ferida mortal foi curada. Toda a terra se maravilhou, seguindo a besta...* A discordância a respeito da doutrina da fé com o Verbo, no qual freqüentemente são encomendadas as obras. O remédio aplicado a este defeito: o decreto e o dogma de que, não podendo ninguém fazer obra boa de si mesmo e por si mesmo, nem cumprir a lei, foi entregue outro meio de salvação, que é a fé na justiça e o mérito de Cristo, que padeceu pelos homens e tirou a condenação da lei mediante sua paixão e morte. Com a aplicação deste remédio, essa doutrina seria recebida por toda a Igreja, porque assim não seriam escravos da lei, mas livres pela fé.

(Ap 13.4) *e adoraram o dragão, porque deu à besta a sua autoridade; e adoraram a besta, dizendo: Quem é semelhante à besta? quem poderá batalhar contra ela?* Estabelecimento (definitivo) da indicada doutrina de justificativa pela fé sem as obras da lei, decretada pelo clero e validada por este mediante a favorável acolhida dispensada pelos leigos, que a reconhecerem por verdade santa, festejando sua excelência, porque ninguém podia contradizê-la.

(Ap 13.5) *Foi-lhe dada uma boca que proferia arrogâncias e blasfêmias; e deu-se-lhe autoridade para atuar por quarenta e dois meses.* O mal e falso ensino desta doutrina, cujos males e falsidades seriam abundantemente ensinados e praticados até o fim daquela Igreja e o início da nova.

(Ap 13.6) *E abriu a boca em blasfêmias contra Deus, para blasfemar do seu nome e do seu tabernáculo e dos que habitam no céu.* Suas manifestações e declarações escandalosas contra a Divindade mesma e contra a Divina Humanidade do Senhor, assim como contra tudo o que o Verbo ensina para a adoração do Senhor na Igreja: escandalosas também contra a Igreja celestial do Senhor e contra o Céu.

(Ap 13.7) *Também lhe foi permitido fazer guerra aos santos, e vencê-los; e deu-se-lhe autoridade sobre toda tribo, e povo, e língua e nação.* Sua agressão contra as Divinas verdades do Verbo, dissipando e destruindo-as, conseguindo assim domínio sobre todas as coisas da Igreja, tanto sobre as referentes à doutrina quanto à vida.

(Ap 13.8) *E adorá-la-ão todos os que habitam sobre a terra, esses cujos nomes não estão escritos no livro do Cordeiro que foi morto desde a fundação do mundo.* A heresia representada pelo "Dragão" e pela "Besta" foi reconhecida como doutrina santa da Igreja por todos na Igreja Reformada, exceto pelos que acreditaram no Senhor, cuja Humanidade não havia sido reconhecida por Divina desde a instauração da Igreja.

(Ap 13.9) *Se alguém tem ouvidos, ouça.* Isto deve ser observado por todos aqueles que tiverem desejos de conhecer a verdade.

(Ap 13.10) *Se alguém leva em cativeiro, em cativeiro irá; se alguém matar à espada, necessário é que à espada seja morto. Aqui está a perseverança e a fé dos santos.* Aquele que mediante a mencionada heresia persuade outros a não acreditar no bem e a não fazer o bem, será arrastado ao Inferno por suas próprias falsidades e males. Aquele que, mediante falsidade, destruir a alma de outro será destruído por essas mesmas falsidades e perecerá por elas. Os da Nova Igreja são explorados mediante tentações por aqueles, para que se conheça sua qualidade a respeito da sua vida e fé.

(Ap 13.11) *E vi subir da terra outra besta, e tinha dois chifres semelhantes aos de um cordeiro; e falava como dragão.* Manifestação representativa de quem e como são os Clérigos que se encontram na doutrina e fé dracônica a respeito de Deus e da salvação, os quais falam, ensinam e escrevem à base do Verbo como se falassem, ensinassem e escrevessem a Divina Verdade do Senhor, sendo, contudo, verdade falsificada.

(Ap 13.12) *Também exercia toda a autoridade da primeira besta na sua presença; e fazia que a terra e os que nela habitavam adorassem a primeira besta, cuja ferida mortal fora curada.* Estes confirmam a doutrina representada pelo "Dragão", cujos dogmas foram validados pela sua acolhida e reconhecimento pelos leigos, e, por meio desta confirmação, foi estabelecido e reconhecido como a coisa mais santa da Igreja, o dogma de que, não podendo ninguém fazer obra boa e cumprir a lei, o único meio de salvação é a fé na justiça e mérito de Jesus Cristo, que sofreu pelos homens, tirando, assim, a condenação da lei.

(Ap 13.13) *E operava grandes sinais, de maneira que fazia até descer fogo do céu à terra, à vista dos homens...* As insinuações dos Clérigos de que as coisas que ensinam são verdade por mais que elas sejam falsidades. Sua afirmação de que são verdades do céu e de que serão salvos aqueles que as admitirem e abraçarem, e que perecerão os que as recusarem.

(Ap 13.14) *e, por meio dos sinais que lhe foi permitido fazer na presença da besta, enganava os que habitavam sobre a terra e lhes dizia que fizessem uma imagem à besta que recebera a ferida da espada e vivia.* Com suas insinuações e afirmações, induzem os leigos a erros, persuadindo-os a admitirem a doutrina de que a fé é o único meio de salvação, pois ninguém pode fazer o bem de si mesmo e por si mesmo nem cumprir a lei e assim ser salvo.

(Ap 13.15) *Foi-lhe concedido também dar fôlego à imagem da besta, para que a imagem da besta falasse, e fizesse que fossem mortos todos os que não adorassem a imagem da besta.* (Pela Divina Providência do Senhor) lhes é permitido confirmar aquela doutrina pelo Verbo e ensiná-la como se estivesse de acordo com este e como se fosse fé viva. Sobre aqueles que não reconheçam que sua doutrina é a santa doutrina da Igreja, pronunciam condenação.

(Ap 13.16) *E fez que a todos, pequenos e grandes, ricos e pobres, livres e escravos, lhes fosse posto um sinal na mão direita, ou na fronte...* E declaram que ninguém na Igreja, seja qual for sua condição ou inteligência, será reconhecido como cristão reformado se não abraçar aquela doutrina com fé e com amor.

(Ap 13.17) *para que ninguém pudesse comprar ou vender, senão aquele que tivesse o sinal, ou o nome da besta, ou o número do seu nome.* Não permitindo ninguém ensinar do Verbo sem que reconheça a doutrina e jure fidelidade, por fé e por amor, a esta e a tudo quanto com ela concordar, recusando o resto.

(Ap 13.18) *Aqui há sabedoria. Aquele que tem entendimento, calcule o número da besta; porque é o número de um homem, e o seu número é seiscentos e sessenta e seis.* Os sábios vêem e compreendem, pelo exposto neste capítulo, qual e como é a doutrina nestes Clérigos e sua fé em relação a Deus e à salvação. Os humilhados pelo Senhor conhecem quais e como são suas confirmações dessa feitas por meio do Verbo e, por conseguinte, qual e como é o Verbo e a Igreja neles: neles, toda a verdade do Verbo é falsificada.

CAPÍTULO DÉCIMO-QUARTO
O conteúdo de todo o capítulo

Ap 14.1–5   Trata do Novo Céu cristão.

11–17   Anuncia-se a Vinda do Senhor e da Nova Igreja.

9–12   Exortação a renunciar à fé separada da Caridade, em cuja fé se encontra a Igreja atual.

14–20   Exploração destes e demonstração de que suas obras são más.

O conteúdo de cada versículo   (Ap 14.1) *E olhei, e eis o Cordeiro em pé sobre o Monte Sião, e com ele cento e quarenta e quatro mil, que traziam na fronte escrito o nome dele e o nome de seu Pai.*   O Senhor no Céu novo formado por aqueles cristãos que O reconheceram por Deus do Céu e da Terra, achando-se por Ele na verdade da doutrina por meio do Verbo. Seu reconhecimento da Divindade do Senhor e de Sua Divina Humanidade.

(Ap 14.2) *E ouvi uma voz do céu, como a voz de muitas águas, e como a voz de um grande trovão e a voz que ouvi era como de harpistas, que tocavam as suas harpas.*   O Senhor, como a Divina Verdade e o Divino Amor, falando desde o céu novo. Os anjos dos céus inferiores confessando-lhe com a alegria de seu coração.

(Ap 14.3) *E cantavam um cântico novo diante do trono, e diante dos quatro seres viventes e dos anciãos; e ninguém podia aprender aquele cântico, senão os cento e quarenta e quatro mil, aqueles que foram comprados da terra.*   Louvores e glorificações do Senhor por estes perante Ele e em presença dos anjos dos céus superiores. Ninguém dos cristãos pode entender – e assim por amor e fé reconhecer – que só o Senhor é Deus do Céu e da Terra, exceto aqueles que são recebidos pelo Senhor no Céu novo, os quais puderam ser regenerados e, assim, redimidos pelo Senhor no mundo.

(Ap 14.4) *Estes são os que não se contaminaram com mulheres; porque são virgens. Estes são os que seguem o Cordeiro para onde quer que vá. Estes foram comprados dentre os homens para serem as primícias para Deus e para o Cordeiro.* Estes não adulteravam as verdades da Igreja, contaminando-as com as falsidades da fé, porque amavam as verdades por serem verdades e tinham conjunção com o Senhor por seu amor a Ele e sua fé Nele, porque viviam segundo seus preceitos. São aqueles que puderam ser regenerados e assim redimidos pelo Senhor no mundo e são os primeiros do céu cristão, onde se reconhece e confessa que Deus é um, no qual há Trindade e que o Senhor é este Deus.

(Ap 14.5) *E na sua boca não se achou engano; porque são irrepreensíveis.* E não falaram falsidades nem insinuaram males com astúcia e má intenção, porque viviam nas verdades do bem pelo Senhor.

(Ap 14.6) *E vi outro anjo voando pelo meio do céu, e tinha um evangelho eterno para proclamar aos que habitam sobre a terra e a toda nação, e tribo, e língua, e povo...* Anuncia-se àqueles que por sua religião se acham no bem e por sua doutrina na verdade, a Vinda do Senhor e da Nova Igreja, que desce do Céu, e Dele.

(Ap 14.7) *dizendo com grande voz: Temei a Deus, e dai-lhe glória; porque é chegada a hora do seu juízo; e adorai aquele que fez o céu, e a terra, e o mar, e as fontes das águas.* Exortação para que se abstenham de fazer mal, por ser pecado contra o Senhor, para que reconheçam e confessem que a Verdade do Verbo vem unicamente do Senhor, que todo homem deve ser julgado segundo ela, e que só o Senhor deve ser adorado, posto que só Ele é Criador, Salvador e Redentor, e que por virtude dele existem o Céu dos anjos e da Igreja, com tudo quanto há neles.

(Ap 14.8) *Um segundo anjo o seguiu, dizendo: Caiu, caiu a grande Babilônia, que a todas as nações deu a beber do vinho da ira da sua prostituição.* Anuncia-se a morte do Catolicismo Romano a respeito dos seus ensinamentos dogmáticos ou doutrinários por haver seduzido a todos quanto pôde submeter a seu domínio por meio das profanações do Verbo e adulterações do bem e a verdade da Igreja.

(Ap 14.9) *Seguiu-os ainda um terceiro anjo, dizendo com grande voz: Se alguém adorar a besta, e a sua imagem, e receber o sinal na fronte, ou na mão...* Nova manifestação do Senhor a respeito dos que se encontram na fé separada do amor ao próximo: todo aquele que reconhecer e admitir a doutrina da justificativa e salvação apenas pela fé, confirmando-a e vivendo segundo ela.

(Ap 14.10) *também o tal beberá do vinho da ira de Deus, que se acha preparado sem mistura, no cálice da sua ira; e será atormentado com fogo e enxofre diante dos santos anjos e diante do Cordeiro.* Falsifica os bens e as verdades do Verbo e, absorvendo-as, implanta em sua vida estas falsificações, enchendo de egoísmo e amor o mundo, com todas suas concupiscências e orgulho da própria inteligência, e sofrerá por isso tormentos no inferno.

(Ap 14.11) *A fumaça do seu tormento sobe para todo o sempre; e não têm repouso nem de dia nem de noite os que adoram a besta e a sua imagem, nem aquele que recebe o sinal do seu nome.* O estado de perpétua infelicidade (no inferno) dos que reconhecem e admitem esta fé, confirmando-a em si e vivendo segundo ela.

(Ap 14.12) *Aqui está a perseverança dos santos, daqueles que guardam os mandamentos de Deus e a fé em Jesus.* Os pertencentes à Igreja do Senhor são explorados mediante tentações por meio destes, por via de quais e como são a respeito da sua vida segundo os preceitos do Verbo e a respeito da sua fé no Senhor.

(Ap 14.13) *Então ouvi uma voz do céu, que dizia: Escreve: Bem-aventurados os mortos que desde agora morrem no Senhor. Sim, diz o Espírito, para que descansem dos seus trabalhos, pois as suas obras os acompanham.* Declaração do Senhor sobre o estado após a morte dos que estarão na

Sua Nova Igreja: terão vida e felicidade eternas. A Divina Verdade do Verbo ensina e declara que aqueles que, por fazerem a vontade do Senhor, atormentam sua alma e crucificam sua carne terão paz no Senhor, cada qual segundo sua medida, segundo amava e acreditava e, em sua conseqüência obrava e falava no mundo.

(Ap 14.14) *E olhei, e eis uma nuvem branca, e assentado sobre a nuvem um semelhante a filho de homem, que tinha sobre a cabeça uma coroa de ouro, e na mão uma foice afiada.* O Senhor como o Verbo. A Divina sabedoria de Seu Divino Amor. A Divina Verdade do Verbo.

(Ap 14.15) *E outro anjo saiu do santuário, clamando com grande voz ao que estava assentado sobre a nuvem: Lança a tua foice e ceifa, porque é chegada a hora de ceifar, porque já a seara da terra está madura.* Os anjos do Céu suplicando ao Senhor que ponha fim e ultime o juízo, posto que a Igreja se encontra no seu último estado.

(Ap 14.16) *Então aquele que estava assentado sobre a nuvem meteu a sua foice à terra, e a terra foi ceifada.* Morte da Igreja por carecer por completo da Divina Verdade.

(Ap 14.17) *Ainda outro anjo saiu do santuário que está no céu, o qual também tinha uma foice afiada.* Os céus do reino espiritual do Senhor e a Divina Verdade neles.

(Ap 14.18) *E saiu do altar outro anjo, que tinha poder sobre o fogo, e clamou com grande voz ao que tinha a foice afiada, dizendo: Lança a tua foice afiada, e vindima os cachos da vinha da terra, porque já as suas uvas estão maduras.* Os céus do reino celestial do Senhor, que se encontram no bem do amor por Ele, influxo do Senhor com o bem de Seu Amor por meio da Divina Verdade de seu Verbo nas obras de caridade e fé dos Cristãos, estando a Igreja cristã em seu último estado.

(Ap 14.19) *E o anjo meteu a sua foice à terra, e vindimou as uvas da vinha da terra, e lançou-as no grande lagar da ira de Deus.* Morte da Igreja Cristã atual (também a respeito do bem). Exploração de suas obras que eram más.

(Ap 14.20) *E o lagar foi pisado fora da cidade, e saiu sangue do lagar até os freios dos cavalos, pelo espaço de mil e seiscentos estádios.* Averiguação, por meio da Divina Verdade do Verbo, da qualidade de suas obras, feitas segundo a doutrina e fé dessa Igreja, resultando cheias de violações contra o Verbo por causa de esplêndidas falsificações de suas verdades, determinando isto um ofuscamento tal da inteligência que (estes homens) já não podiam ser ensinados e reconduzidos ao Senhor por meio das Divinas verdades do Verbo, exceto com a maior dificuldade, porque não restavam neles mais do que meras falsidades procedentes do mal.

CAPÍTULO DÉCIMO-QUINTO
O conteúdo de todo o capítulo

Ap 15.1,5,8 Preparativos para manifestar a qualidade da Igreja em seu último estado, e para abrir (revelar à luz) os males e falsidades em que se encontrava.

2—4. Sendo preparados os que haviam reconhecido ao Senhor e vivido segundo Seus preceitos.

O conteúdo de cada versículo (Ap 15.1) *Vi no céu ainda outro sinal, grande e admirável: sete anjos, que tinham as sete últimas pragas; porque nelas é consumada a ira de Deus.* Manifestação do Senhor de como era o estado da Igreja na terra quanto ao amor e à fé: manifestação (em forma geral) de como eram os males e as falsidades da Igreja em seu último estado, no qual acontece sua devastação e, depois, seu fim.

(Ap 15.2) *E vi como que um mar de vidro misturado com fogo; e os que tinham vencido a besta e a sua imagem e o número do seu nome estavam em pé junto ao mar de vidro, e tinham harpas de Deus.* O final do mundo espiritual, onde estavam os que tinham religião e culto, mas que careciam do bem da vida (a vida de caridade), e (separados deles) nos finais do Céu cristão (estavam) os que rechaçavam a fé e sua doutrina, não reconhecendo nem absorvendo suas falsidades, nem falsificando o Verbo, manifestando-se neles a caridade.

(Ap 15.3) *E cantavam o cântico de Moisés, servo de Deus, e o cântico do Cordeiro, dizendo: Grandes e admiráveis são as tuas obras, ó Senhor Deus Todo-Poderoso; justos e verdadeiros são os teus caminhos, ó Rei dos séculos.* Estes últimos confessavam com sua caridade, ou seja, com sua vida segundo os preceitos da lei, ou seja, o Decálogo, e com sua fé na Divina Humanidade do Senhor, que todas as coisas no Céu, no mundo e na Igreja são criadas e feitas pelo Senhor, de seu Divino Amor, por meio da Sua Divina Sabedoria, e que tudo quanto procede Dele é justo e verdadeiro, porque Ele é o próprio Bem Divino e a Verdade mesma no Céu e na Igreja.

(Ap 15.4) *Quem não te temerá, Senhor, e não glorificará o teu nome? Pois só tu és santo; por isso todas as nações virão e se prostrarão diante de ti, porque os teus juízos são manifestos.* E que só Ele deve ser amado e adorado, porque Ele é o Verbo, a Verdade e a iluminação e os que se encontrarem no bem do amor e da caridade reconhecerão que só o Senhor é Deus, segundo testificam as verdades do Verbo, (agora) abertas.

(Ap 15.5) *Depois disto olhei, e abriu-se o santuário do tabernáculo do testemunho no céu...* O íntimo céu, onde se encontra o Senhor em Sua Santidade no Verbo e na lei, que é o Decálogo.

(Ap 15.6) *e saíram do santuário os sete anjos que tinham as sete pragas, vestidos de linho puro e resplandecente, e cingidos, à altura do peito com cintos de ouro.* Preparativos feitos pelo Senhor para efetuar um influxo do Céu íntimo na Igreja, para revelar os males e falsidades, e por meio disto separar os maus e os bons, tudo por verdades puras e bens genuínos do Verbo.

(Ap 15.7) *Um dos quatro seres viventes deu aos sete anjos sete taças de ouro, cheias da ira do Deus que vive pelos séculos dos séculos.* As verdades e os bens, que descobrem os males e falsidades da Igreja, tirados do sentido literal do Verbo. Os males e falsidades a serem descobertos pelas falsidades puras e bens genuínos do Verbo.

(Ap 15.8) *E o santuário se encheu de fumaça pela glória de Deus e pelo seu poder; e ninguém podia entrar no santuário, enquanto não se consumassem as sete pragas dos sete anjos.* O íntimo Céu agora tão cheio da Divina Verdade espiritual e celestial do Senhor que os anjos não podiam sustentar mais até depois de verificada a morte da Igreja, após sua devastação.

CAPÍTULO DÉCIMO-SEXTO

O conteúdo de todo o capítulo Descobrem-se os males e falsidades na Igreja Reformada pelo influxo do Céu.

Ap 16.2 Nos Clérigos.

3 Nos leigos.

4—7 Quanto ao entendimento do Verbo neles.

8—9 Quanto ao amor neles.

10—11 Quanto à fé neles.

12—15 Quanto a seus raciocínios interiores.

17—21 Quanto a todo seu ser.

O conteúdo de cada versículo (Ap 16.1) *E ouvi, vinda do santuário, uma grande voz, que dizia aos sete anjos: Ide e derramai sobre a terra as sete taças, da ira de Deus.* Influxo do Senhor desde o íntimo Céu na Igreja Reformada onde estão aqueles que se acham na fé separada da caridade tanto em relação à doutrina quanto à vida.

(Ap 16.2) *Então foi o primeiro e derramou a sua taça sobre a terra; e apareceu uma chaga ruim e maligna nos homens que tinham o sinal da besta e que adoravam a sua imagem.* Seu influxo nos clérigos, iniciados nas coisas interiores dessa Igreja, e que fazem a doutrina da justificativa apenas pela fé, objeto de seu estudo, manifestando-se, pelo influxo, seus males e falsidades interiores, que destroem todo bem e toda verdade na Igreja nos que vivem unicamente pela fé professando sua doutrina.

(Ap 16.3) *O segundo anjo derramou a sua taça no mar, que se tornou em sangue como de um morto, e morreu todo ser vivente que estava no mar.* Sua influência nos leigos, que se acham nas coisas exteriores dessa Igreja e sua fé, manifestando-se neles o mal infernal, que extingue toda verdade do Verbo na Igreja e na fé.

(Ap 16.4) *O terceiro anjo derramou a sua taça nos rios e nas fontes das águas, e se tornaram em sangue.* Sua influência neles a respeito da sua inteligência do Verbo, manifestando-se neles falsificadas as verdades do Verbo.

(Ap 16.5) *E ouvi o anjo das águas dizer: Justo és tu, que és e que eras, o Santo; porque julgaste estas coisas...* Testemunho pela Divina Verdade do Verbo de que assim havia acontecido conforme a divina providência do Senhor, quem é e era o Verbo, porque de outra forma este teria sido profanado;

(Ap 16.6) *porque derramaram o sangue de santos e de profetas, e tu lhes tens dado sangue a beber; eles o merecem.* Porque a doutrina de que a fé só salva sem as obras da lei, quando é admitida, perverte por si só todas as verdades doutrinais do Verbo. Esta era a razão pela qual aos que se confirmaram apenas na fé em sua doutrina e em sua vida, foi permitido pela Divina Providência do Senhor falsificar as verdades do Verbo e implantar em si uma vida segundo as verdades falsificadas.

(Ap 16.7) *E ouvi uma voz do altar, que dizia: Na verdade, ó Senhor Deus Todo-Poderoso, verdadeiros e justos são os teus juízos.* O Divino Bem do Verbo confirmou sua Divina Verdade.

(Ap 16.8) *O quarto anjo derramou a sua taça sobre o sol, e foi-lhe permitido que abrasasse os homens com fogo.* Seu influxo neles, no seu amor, manifestando-se que o amor do Senhor os incomodava e atormentava, porque se encontravam nas concupiscências do mal pela felicidade do amor a si próprios.

(Ap 16.9) *E os homens foram abrasados com grande calor; e blasfemaram o nome de Deus, que tem poder sobre estas pragas; e não se arrependeram para lhe darem glória.* E assim negavam por repugnância a Divina Humanidade do Senhor, de quem, contudo, vêm todo o bem do amor e toda a verdade da fé, não podendo de forma alguma admitir a crença de que o Senhor é Deus do Céu e da Terra também quanto a sua Humanidade, por muito que o Verbo o ensine.

(Ap 16.10) *O quinto anjo derramou a sua taça sobre o trono da besta, e o seu reino se fez tenebroso; e os homens mordiam de dor as suas línguas.* Influxo do Senhor neles quanto a sua fé, não aparecendo mais que falsidades e incomodando neles as verdades, as quais não podiam sofrer.

(Ap 16.11) *E por causa das suas dores, e por causa das suas chagas, blasfemaram o Deus do céu; e não se arrependeram das suas obras.* Pela repugnância que sentiam por causa de suas falsidades e males interiores que os impediam de reconhecer só ao Senhor por Deus do Céu e da Terra, e, embora conhecessem o Verbo, não se afastaram das falsidades da sua fé nem fugiram dos males da sua vida.

(Ap 16.12) *O sexto anjo derramou a sua taça sobre o grande rio Eufrates; e a sua água secou-se, para que se preparasse o caminho dos reis que vêm do oriente.* Influxo do Senhor neles quanto a seus raciocínios interiores, com os quais confirmam (a doutrina de) a justificativa apenas pela fé, desaparecendo os falsos raciocínios nos que, pelo Senhor, se encontravam na verdade do bem, devendo ingressar na Nova Igreja.

(Ap 16.13) *E da boca do dragão, e da boca da besta, e da boca do falso profeta, vi saírem três espíritos imundos, semelhantes a rãs.* E se manifestando no resto a teologia fundada na doutrina de três Pessoas Divinas e também na doutrina da justificativa pela fé sem as obras da lei, resultando ser meramente raciocínios e desejos de falsificar a verdade.

(Ap 16.14) *Pois são espíritos de demônios, que operam sinais; os quais vão ao encontro dos reis de todo o mundo, para os congregar para a batalha do grande dia do Deus Todo-Poderoso.* Sendo dessa forma que (essa teologia em sua essência) consta de inclinações impuras de falsificar as verdades e de raciocinar com base em falsidades, sustentando que suas falsidades são verdades, e instigando a se encontrarem nessas falsidades e rechaçar as falsidades da Nova Igreja.

(Ap 16.15) *Eis que venho como ladrão. Bem-aventurado aquele que vigia, e guarda as suas vestes, para que não ande nu, e não se veja a sua nudez.* Anúncio da Vinda do Senhor, e o Céu para os convertidos, para eles perseverarem em viver segundo Seus preceitos, que são as verdades do Verbo, sendo a advertência para *todos*, para que cada um se abstenha de se unir aos que carecem de verdades por não viverem conforme os preceitos do Senhor, para que seus amores infernais não apareçam nus.

(Ap 16.16) *E eles os congregaram no lugar que em hebraico se chama Armagedom.* O empenho (dos *Draconistas*) de lutarem por meio de suas falsidades contra as verdades e seu veemente desejo, procedente de seu amor egoísta e da ambição mundana, de destruir a Nova Igreja.

(Ap 16.17) *O sétimo anjo derramou a sua taça no ar; e*

saiu uma grande voz do santuário, da parte do trono, dizendo: Está feito. Influxo do Senhor em todo seu ser simultaneamente, manifestando que a devastação da Igreja (neles) era completa e que se ultimaria seu juízo final.

(Ap 16.18) *E houve relâmpagos e vozes e trovões; houve também um grande terremoto, qual nunca houvera desde que há homens sobre a terra, terremoto tão forte quão grande...* Produzindo-se então (novamente) raciocínios, falsificações das verdades e argumentos à base das falsidades do mal, comovendo-se toda a Igreja por sacudidas e inversões, as quais foram provocadas por seu desprendimento do Céu.

(Ap 16.19) *e a grande cidade fendeu-se em três partes, e as cidades das nações caíram; e Deus lembrou-se da grande Babilônia, para lhe dar o cálice do vinho do furor da sua ira.* E ficando essa Igreja, com toda seita nascida dela, destruída quanto à sua doutrina. Depois deveria se verificar a destruição da Católica Romana.

(Ap 16.20) *Todas ilhas fugiram, e os montes não mais se acharam.* Não restava já verdade alguma da fé nem bem algum do amor.

(Ap 16.21) *E sobre os homens caiu do céu uma grande saraivada, pedras quase do peso de um talento; e os homens blasfemaram de Deus por causa da praga da saraivada; porque a sua praga era mui grande.* Surgindo terríveis falsidades que acabaram com toda a Verdade e, por conseguinte, com toda a Igreja e com aqueles que se confirmaram nas falsidades e que renegavam das verdades até não poder sequer escutá-las devido à repugnância que sentiam por causa das suas falsidades e males interiores.

CAPÍTULO DÉCIMO-SÉTIMO

Nos capítulos precedentes, inclusive Ap 7–16, tratou-se dos *Reformados*; no presente e no seguinte trata-se dos *Papistas*, entre os quais aqueles que assumem a potestade de abrir e fechar o céu são designados por "Babilônia". Por "Babilônia", ou seja, Babel, entende-se especialmente o amor de reinar sobre as santas coisas da Igreja, cujo amor provém do egoísmo, e dado que este amor aumenta e avança conforme ganhe espaço, e vendo que as santas coisas da Igreja são também do Céu, segue então que "Babilônia", ou Babel, também significa domínio sobre o Céu. E visto que esse amor é o Diabo, porque ambiciona as mesmas coisas, não pode fazer menos do que profanar as coisas santas, adulterando os bens e as verdades do Verbo, sendo, então, que "Babilônia", ou Babel, também significa profanação daquilo que é Santo e adulteração dos bens e as verdades do Verbo.

O conteúdo de todo o capítulo Trata da Religião Católica Romana:

Ap 17.1–17 É descrita sua falsificação do Verbo, cuja falsificação determina a perversão de todas as verdades da Igreja.

8–11 Sua falsificação e perversão destas verdades naqueles que estão sob seu domínio.

12–15 Não tanto naqueles que não estão submetidos a seu domínio.

Dos Reformados:

16–17 Que estes se afastaram de seu domínio.

18 Que, no entanto, domina.

O conteúdo de cada versículo (Ap 17.1) *Veio um dos sete anjos que tinham as sete taças, e falou comigo, dizendo: Vem, mostrar-te-ei a condenação da grande prostituta que está assentada sobre muitas águas...* Influxo e revelação do Senhor desde o íntimo céu a respeito da Religião católica Romana, revelando suas profanações e adulterações da Verdade do Verbo.

(Ap 17.2) *com a qual se prostituíram os reis da terra; e os que habitam sobre a terra se embriagaram com o vinho da sua prostituição.* Por meio das quais adulteraram os bens e as verdades da Igreja, que provém do Verbo, por cujas adulterações são espiritualmente insanos os que se acham nessa Religião (vivendo segundo ela).

(Ap 17.3) *Então ele me levou em espírito a um deserto; e vi uma mulher montada numa besta cor de escarlata, que estava cheia de nomes de blasfêmia, e que tinha sete cabeças e dez chifres.* O Apóstolo introduzido no estado espiritual daqueles em quem a Igreja se encontra completamente devastada, vendo essa Religião (em forma representativa) assentada no Verbo profanado por ela, manifestando-se seu entendimento do Verbo, primeiro santo, depois nulo e finalmente insano, enquanto seu poder por virtude do Verbo continuava, contudo, sendo grande.

(Ap 17.4) *A mulher estava vestida de púrpura e de escarlata, e adornada de ouro, pedras preciosas e pérolas; e tinha na mão um cálice de ouro, cheio das abominações, e da imundície da prostituição...* O Bem e a Verdade celestial – Divinos na mente exterior dos que se encontram nessa religião. O Bem e a Verdade espiritual – Divinos na mente exterior deles. Os conhecimentos do bem e a verdade do Verbo neles. Os conhecimentos do bem e a verdade do Verbo neles. A qualidade dessa religião, que é um conjunto das santas coisas do Verbo profanadas, e dos bens e as verdades do mesmo, contaminados com terríveis falsidades.

(Ap 17.5) *e na sua fronte estava escrito um nome simbólico: A grande Babilônia, a mãe das prostituições e das abominações da terra.* A qualidade interior, oculta, da Religião Católica Romana, que desde seu início contaminou e profanou o Verbo e a Igreja por causa do seu amor de reinar e dominar por egoísmo sobre as santas coisas da

Igreja e sobre o Céu, ou seja, sobre tudo o que é do Senhor e de sua Igreja.

(Ap 17.6) *E vi que a mulher estava embriagada com o sangue dos santos e com o sangue dos mártires de Jesus. Quando a vi, maravilhei-me com grande admiração.* A insanidade dessa Igreja por causa da sua adulteração e profanação das Divinas verdades e bens do Senhor, do Verbo e da Igreja. Assombro ao ver que essa religião é assim em seu interior, sendo, contudo, muito diferente no seu exterior.

(Ap 17.7) *Ao que o anjo me disse: Por que te admiraste? Eu te direi o mistério da mulher, e da besta que a leva, a qual tem sete cabeças e dez chifres.* Informação do céu sobre o significado desta visão.

(Ap 17.8) *A besta que viste era e já não é; todavia está para subir do abismo, e vai-se para a perdição; e os que habitam sobre a terra e cujos nomes não estão escritos no livro da vida desde a fundação do mundo se admirarão, quando virem a besta que era e já não é, e que tornará a vir.* Cujo significado é que aparentam reconhecer o Verbo como santo, mas que em realidade não o reconhecem. Que foram celebradas várias vezes deliberações no consistório papal sobre se os leigos deviam ter em suas casas o Verbo e lê-lo, sendo que todas as vezes a idéia foi recusada. O assombro dos que são dessa Igreja, que desde a instauração desta têm querido dominar sobre o Céu e a terra, e que o Verbo continuava existindo, apesar de ser assim recusado.

(Ap 17.9–10) *Aqui está a mente que tem sabedoria. As sete cabeças são sete montes, sobre os quais a mulher está assentada; são também sete reis: cinco já caíram; um existe; e o outro ainda não é vindo; e quando vier, deve permanecer pouco tempo.* Que a interpretação é feita no sentido natural, mas para os que se acham no sentido espiritual pelo Senhor. Que os Divinos bens e verdades do Verbo, nos quais funda-se a religião, foram no transcurso do tempo destruídos e, por último, profanados. Nessa igreja já foram destruídas todas as Divinas verdades do Verbo, exceto esta: *que o Senhor tem toda potestade no céu e na terra*, e esta, que ainda não foi considerada e que (quando vier) não prevalecerá: *que a Humanidade do Senhor é Divina.*

(Ap 17.11) *A besta que era e já não é, é também o oitavo rei, e é dos sete, e vai-se para a perdição.* E tiraram de leigos e comunais o Verbo antes indicado, que é o Divino Bem e a Divina Verdade para que não descubram as falsificações e adulterações cometidas com ele pelo Clero, e de que se retirem por causa delas.

(Ap 17.12) *Os dez chifres que viste são dez reis, os quais ainda não receberam o reino, mas receberão autoridade, como reis, por uma hora, juntamente com a besta.* A potência do Verbo por virtude das Divinas Verdades, com os habitantes da Gália (França), que não se encontram tão submetidos ao domínio papal, embora sua Igreja tampouco têm se afastado muito do sistema religioso Católico Romano. Entre eles, prevalece o Verbo, quase como se, pelo Senhor, se encontrassem em suas Divinas Verdades.

(Ap 17.13) *Estes têm um mesmo intento, e entregarão o seu poder e autoridade à besta.* Reconhecem unanimemente que somente por virtude do Verbo podem reinar e dominar por meio da Igreja.

(Ap 17.14) *Estes combaterão contra o Cordeiro, e o Cordeiro os vencerá, porque é o Senhor dos senhores e o Rei dos reis; vencerão também os que estão com ele, os chamados, e eleitos, e fiéis.* O Senhor luta com eles para que reconheçam Sua Divina Humanidade, pois em Sua Humanidade é Deus do Céu e da terra e o Verbo, e vão para o Céu os que se dirigirem e adorarem unicamente a Ele, tanto aqueles que se acham nas coisas exteriores da Igreja quanto os que se encontram nas interiores, ou nas íntimas.

(Ap 17.15) *Disse-me ainda: As águas que viste, onde se assenta a prostituta, são povos, multidões, nações e línguas.* O resto dos súditos do domínio papal se encontram nas verdades do Verbo de várias formas profanadas e adulteradas, de diferentes doutrinas, disciplinas, religiões e confissões.

(Ap 17.16) *E os dez chifres que viste, e a besta, estes odiarão a prostituta e a tornarão desolada e nua, e comerão as suas carnes, e a queimarão no fogo.* O Verbo, quanto à sua potência por causa das Divinas Verdades, entre os *Protestantes*, que se afastaram totalmente do domínio papal. Estes recusam as falsidades e os males do *Catolicismo*, condenando e extirpando em si, por ódio, os males e falsidades próprias do mesmo, renegando do sistema e expulsando-o da sua mente.

(Ap 17.17) *Porque Deus lhes pôs nos corações o executarem o intento dele, chegarem a um acordo, e entregarem à besta o seu reino, até que se cumpram as palavras de Deus.* Estes formaram o juízo e tomaram a resolução de repudiar completamente a religião Católica Romana e renegar dela, apagando-a e extirpando-a da sua mente, tudo por ordem do Senhor, que também dispôs que reconheçam o Verbo, e que fundem sobre ele a Igreja, até que se cumpra o que se predisse deles.

(Ap 17.18) *E a mulher que viste é a grande cidade que reina sobre os reis da terra.* A religião Católica Romana predomina, contudo, na Cristandade quanto à doutrina, e, até certo ponto, entre os Reformados, por mais que não estejam sujeitos ao domínio papal.

CAPÍTULO DÉCIMO-OITAVO

O conteúdo de todo o capítulo Continua tratando da religião Católica Romana:

Ap 18.1–8 Que esta religião perecerá por causa de sua profanações e adulterações das verdades do Verbo e da Igreja.

9–10 Manifestação de como são os do Alto Clero de sua Hierarquia, sua pena e dor.

11–16 Os subordinados de sua Hierarquia.

17–19 Os leigos e comunais que se encontram sob sua autoridade.

20 A felicidade dos anjos por causa do afastamento dessa religião.

21–24 Sua perdição e afundamento no mundo espiritual por não reconhecerem a verdade, nem querer indagá-la, pelo que não são iluminados por ela, nem a admitem ou abraçam, não existindo neles conjunção alguma entre a verdade e o bem, cuja conjunção faz a Igreja.

O conteúdo de cada versículo   (Ap 18.1) *Depois destas coisas vi descer do céu outro anjo que tinha grande autoridade, e a terra foi iluminada com a sua glória.*   Continua a exploração da religião Católica Romana. Incisivo influxo do Senhor por meio da Divina Verdade, por cujo influxo é introduzida na luz celestial.

(Ap 18.2) *E ele clamou com voz forte, dizendo: Caiu, caiu a grande Babilônia, e se tornou morada de demônios, e guarida de todo espírito imundo, e guarida de toda ave imunda e detestável.*   O Senhor anuncia que, por Sua Divina potência, são destruídos e jogados em vários infernos aqueles que pela religião Católica Romana no mundo espiritual se encontram na paixão de dominar pela religião; e seus infernos são os da ambição de dominar, oriunda da paixão do egoísmo e os infernos das concupiscências de profanar a Verdade do céu, originárias do ciúme espúrio desse amor. Nestes infernos, os males de sua vontade e atos conseguintes, assim como as falsidades de seus pensamentos e conselhos conseguintes são diabólicos porque se afastam do Senhor e se dirigem a si mesmos.

(Ap 18.3) *Porque todas as nações têm bebido do vinho da ira da sua prostituição, e os reis da terra se prostituíram com ela; e os mercadores da terra se enriqueceram com a abundância de suas delícias.* Sua destruição e condenação se deve a que introduziram na Igreja nefandos dogmas por adulterações e profanações da verdade do Verbo, implantando-os em todo ser humana nascido e educado nos reinos sob seu domínio, e que o alto Clero e os subordinados de sua hierarquia, por sua paixão de dominar sobre as coisas santas, ambicionaram e ambicionam Divina majestade e mais do que régia glória, procurando sempre corroborar seu poder e domínio com o aumento do número de seus mosteiros e dependências, e com acumular tesouros materiais para obter a fruição da carne e mente natural pelo domínio espiritual e celestial que usurparam.

(Ap 18.4) *Ouvi outra voz do céu dizer: Sai dela, povo meu, para que não sejas participante dos sete pecados, e para que não incorras nas suas pragas.* Exortação do Senhor a todos, aos que se encontram nessa religião e aos que não, de se abster de entrar em conjunção e relação com eles por convicção e inclinação, para não se unirem com eles em sua alma, abominando-os.

(Ap 18.5) *Porque os seus pecados se acumularam até o céu, e Deus se lembrou das iniqüidades dela.* Ainda aos céus infestam os males e as falsidades dessa hierarquia, mas eles serão protegidos pelo Senhor contra suas violências.

(Ap 18.6) *Tornai a dar-lhe como também ela vos tem dado, e retribuí-lhe em dobro conforme as suas obras; no cálice em que vos deu de beber dai-lhe a ela em dobro.* Sua justa retribuição e castigo após a morte, quando os males e as falsidades com que seduziam e perdiam a outros, que recaiam neles mesmos com intensidade segundo a quantidade e qualidade que existiam e existem neles.

(Ap 18.7) *Quanto ela se glorificou, e em delícias esteve, tanto lhe dai de tormento e de pranto; pois que ela diz em seu coração: Estou assentada como rainha, e não sou viúva, e de modo algum verei o pranto.* Da mesma forma como no mundo tinham soberba em seu coração por causa do domínio e voluptuosidade em sua mente e em seu corpo por causa da felicidade das riquezas, após a morte, terão dor interior por causa do repúdio. Terão também desprezo pela soberba de seu coração por causa do domínio e voluptuosidade da sua mente produzida pelas riquezas que lhes faziam confiar em si mesmos e lhes faziam pensar que reinariam sempre, que se protegeriam eles mesmos e que ninguém poderia nunca tirar deles suas riquezas.

(Ap 18.8) *Por isso, num mesmo dia virão as suas pragas, a morte, e o pranto, e a fome; e será consumida no fogo; porque forte é o Senhor Deus que a julga.* No dia do Juízo Final, viria sobre eles o castigo pela sua maldade: a morte, que é infernal; dor interior por sua destituição do domínio; tristeza e pena, sofrimento interior por se ver pobres e carentes em lugar de opulentos; sofrimento de fome, ou seja, privação de toda verdade do entendimento. E sentiriam ódio contra o Senhor e contra Seu Céu e Sua Igreja ao verem que só Ele domina e dispõe de todas as coisas, no Céu e na Sua Igreja, e que nenhum homem tem o mínimo poder ou autoridade de si mesmo e por si mesmo.

(Ap 18.9) *E os reis da terra, que com ela se prostituíram e viveram em delícias, sobre ela chorarão e prantearão, quando virem a fumaça do seu incêndio...* Dor interior dos que desfrutavam de um domínio eminente e dos gozos conseguintes por meio das verdades do Verbo falsificadas e adulteradas e, contudo, consideradas como coisas santas da Igreja quando vissem as falsificações e olhassem como profanas as supostas coisas santas.

(Ap 18.10) *e, estando de longe por medo do tormento dela, dirão: Ai! ai da grande cidade, Babilônia, a cidade forte! pois numa só hora veio o teu julgamento.* Seu medo de castigo e sua grave lamentação ao ver essa religião, tão arraigada e forte, destruída dessa forma e vendo-se eles próprios em perigo de perdição.

(Ap 18.11) *E sobre ela choram e lamentam os mercado-*

res da terra; porque ninguém compra mais as suas mercadorias:... A dor dos subordinados de sua hierarquia que administravam e lucravam com as coisas santas. Destruída Babilônia, seus ensinamentos não seriam reconhecidos por santos, mas seriam consideradas adulterações e falsificações dos bens e das verdade do Verbo e não poderiam lucrar por meio delas como antes.

(Ap 18.12) *mercadorias de ouro, de prata, de pedras preciosas, de pérolas, de linho fino, de púrpura, de seda e de escarlata; e toda espécie de madeira odorífera, e todo objeto de marfim, de madeira preciosíssima, de bronze, de ferro e de mármore...* Não teriam mais bens e verdades espirituais, porque careceriam do espiritual, representado por "*mercadorias de ouro, de prata, de pedras preciosas, de pérolas*". Tampouco teriam bens e verdades celestiais, porque careceriam do celestial, significado por "*linho fino, púrpura, seda e escarlate*", nem teriam bens e verdades naturais, porque careceriam do natural, representado por "*thyinum* (madeiras perfumadas) e todo objeto de marfim". Não teriam, por fim, os bens e verdades da ciência eclesiástica, porque careceriam do científico, representado por "*objetos de madeira preciosíssima, de bronze, de ferro e de mármore*".

(Ap 18.13) *e canela, especiarias, perfume, mirra e incenso; e vinho, azeite, flor de farinha e trigo; e gado, ovelhas, cavalos e carros; e escravos, e até almas de homens.* Não teriam mais culto por verdades espirituais, porque não haveria em seu culto nada de espiritual, representado por "*canela, especiarias, perfume, mirra e incenso*", nem teriam mais culto por bens e verdades celestiais, porque não haveria em seu culto nenhuma coisa celestial daquilo representado por "*vinho e azeite, flor de farinha e trigo*". Também não teriam mais culto por bens e verdades exteriores ou naturais da Igreja, porque não haveria em seu culto nada daquilo que é espírito-celeste-natural, representado por "*bois e ovelhas*", o qual estaria conforme seu entendimento errado do Verbo e a conseguinte doutrina falsa, e com sua carência de bens e verdades do sentido literal do Verbo, cujo sentido falsificaram e adulteraram até não existir em sua mente nada do que é representado por "cavalos, carros, escravos e vidas humanas".

(Ap 18.14) *Também os frutos que a tua alma cobiçava foram-se de ti; e todas as coisas delicadas e suntuosas se foram de ti, e nunca mais se acharão.* Todas as beatitudes e felicidades do Céu até as exteriores, assim como eles as querem, desaparecerão completamente para eles, sem reaparecer jamais, porque não há neles inclinação alguma de bem e verdade celestial nem espiritual.

(Ap 18.15) *Os mercadores destas coisas, que por ela se enriqueceram, ficarão de longe por medo do tormento dela, chorando e lamentando...* Seu estado imediato anterior à sua condenação, o terror e lamentação daqueles que lucraram em troca de conceder indulgências e prometer felicidade celestial.

(Ap 18.16) *dizendo: Ai! ai da grande cidade, da que estava vestida de linho fino, de púrpura, de escarlata, e adornada com ouro, e pedras preciosas, e pérolas! porque numa só hora foram assoladas tantas riquezas.* Sua profunda dor ao prever que sua magnificência e lucro seriam destruídos de forma tão súbita e completa.

(Ap 18.17–18) *E todo piloto, e tudo o que navega para qualquer porto e todos os marinheiros, e todos os que trabalham no mar se puseram de longe; e, contemplando a fumaça do incêndio dela, clamavam: Que cidade é semelhante a esta grande cidade?* Os leigos, tanto os de alta categoria quanto os subordinados e comunais, ou seja, o povo, todos afeitos a essa religião, que abertamente amam e reverenciam, ou que secretamente reconhecem e veneram, mantendo-se a distância e manifestando sua dor e sentimento pela condenação dessa religião, que haviam imaginado superior a qualquer outra religião no mundo.

(Ap 18.19) *E lançaram pó sobre as suas cabeças, e cla-*

mavam, chorando e lamentando, dizendo: Ai! ai da grande cidade, na qual todos os que tinham naus no mar se enriqueceram em razão da sua opulência! porque numa só hora foi assolada. Sua dor e sentimento interior e exterior, ou seja, sua lamentação pela próxima e completa destruição e condenação dessa religião, aparentemente tão excelente, por meio de cujas coisas santas foram propiciados todos os que compraram (a propiciação), recebendo tesouros celestiais e eternos em troca de riquezas terrenas e temporais, porque depois ninguém as compraria.

(Ap 18.20) *Exulta sobre ela, ó céu, e vós, santos e apóstolos e profetas; porque Deus vindicou a vossa causa contra ela.* Alegria dos anjos do Céu e dos homens na Igreja, que se encontram em bens e verdades pelo Verbo, porque são afastados e rechaçados aqueles que estão nos males e falsidades dessa religião.

(Ap 18.21) *Um forte anjo levantou uma pedra, qual uma grande mó, e lançou-a no mar, dizendo: Com igual ímpeto será lançada Babilônia, a grande cidade, e nunca mais será achada.* Por um determinante influxo do Senhor por meio do Céu, aquele sistema religioso seria precipitado no inferno, com suas verdades adulteradas do Verbo para nunca voltar a aparecer entre os anjos.

(Ap 18.22) *E em ti não se ouvirá mais o som de harpistas, de músicos, de flautistas e de trombeteiros; e nenhum artífice de arte alguma se achará mais em ti; e em ti não mais se ouvirá ruído de mó...* Nos que se acharem nessa religião, assim como em relação à doutrina e à vida, não haverá mais inclinação de verdades e bens espirituais, nem de bens e verdades celestiais. Também não terão entendimento algum da verdade espiritual, nem pensamento algum formado por essa verdade. Carecerão também de toda capacidade de examinar e indagar a verdade espiritual e de confirmá-la em si mesmos, porque a falsidade reconhecida, confirmada e assim implantada neles o impedirá.

(Ap 18.23) *e luz de candeia não mais brilhará em ti, e voz de noivo e de noiva não mais em ti se ouvirá; porque os teus mercadores eram os grandes da terra; porque todas as nações foram enganadas pelas tuas feitiçarias.* Não terão mais iluminação do Senhor nem percepção alguma da verdade espiritual. Não haverá neles conjunção entre o bem e a verdade, cuja conjunção faz a Igreja, porque os príncipes de sua hierarquia chegaram a ter tal natureza que traficam e lucram por meio de vários privilégios, até arbitrários, que possuem por virtude dos estatutos de sua hierarquia; e porque, por suas nefandas artes e astúcias, seduziram as almas, afastando-as da santa adoração do Senhor e induzindo-os a adotarem uma adoração, que não é santa, de homens mortos e imagens.

(Ap 18.24) *E nela se achou o sangue dos profetas, e dos santos, e de todos os que foram mortos na terra.* Do *Catolicismo*, ou seja, do sistema religioso entendido por Cidade de "Babilônia", sai adulteração e profanação de toda verdade do Verbo e da Igreja, e dele dimana falsidade, que contamina todo o mundo cristão.

768. Aqui se dirá algo relacionado com aquela Verdade, que o Senhor disse a Pedro sobre as Chaves do Céu, e com a potestade de atar e desatar (Mt 16.15–20). Dizem (os Papistas) que esta potestade foi dada a Pedro e transferida a eles como seus sucessores, e que desta forma o Senhor transferiu para Pedro, e depois a eles, todo Seu poder, e que Pedro era Seu Vicário na terra. Mas as palavras do Senhor demonstram clara e manifestamente que não deu a Pedro nenhuma potestade, porque diz: *Sobre esta pedra (rocha) edificarei minha Igreja.* A pedra (rocha) significa o Senhor em relação à Sua Divina Verdade, e a Divina Verdade, que é a rocha, é aquela que Pedro acabava de confessar, quando o Senhor disse estas palavras, porque se lê: Então Jesus perguntou-lhes: "E vocês, quem dizem que eu sou?". Simão Pedro respondeu: "Tu és o Messias, o Filho do Deus vivo" (Ap 18.15–16).

Sobre esta verdade o Senhor edifica Sua Igreja e Pedro representava então esta Verdade. Consta que é sobre a confissão a respeito do Senhor, de que *Ele é o Filho do Deus vivo*, a quem é dada toda potestade no Céu e na Terra (Mt 28.18), que o Senhor edifica Sua Igreja, ou seja, *sobre si mesmo* e não sobre Pedro. A Igreja sabe que por "pedra", ou "rocha", entende-se o Senhor.

Uma vez eu falei com gente *babilônica* no mundo espiritual a respeito das Chaves dadas a Pedro, sobre se eles acreditavam que o Senhor lhe transferiu Sua potestade sobre o Céu e o Inferno. Por ser isto um ponto capital de sua religião, insistiam nisso com veemência, dizendo que disso não se duvidava, pois foi dito muito claramente.

Mas, ao perguntar-lhes se sabiam que em todo detalhe do Verbo há um sentido espiritual, que é o sentido do Verbo no Céu, primeiro disseram que não o sabiam, mas depois disseram que inquiririam.

E ao inquirir foram instruídos de que há um sentido espiritual em todo detalhe do Verbo, cujo sentido se distingue do sentido literal, assim como o espiritual se distingue do natural. Ademais, foram instruídos de que nenhuma pessoa nomeada no Verbo é nomeada no Céu, entendendo-se ali uma certa coisa espiritual.

Depois foram informados de que por "Pedro" no Verbo se entende *a Verdade da Igreja procedente do Bem*, e o mesmo se entende por "pedra" (rocha), mencionada junto com Pedro, podendo por isto saber-se que nenhuma potestade foi dada a Pedro, e sim à Verdade procedente do Bem. No Céu, toda potestade é da Verdade procedente do Bem, em outras palavras, do Bem por meio da Verdade, e visto que toda Verdade e todo Bem vêm unicamente do Senhor e nada do homem, resulta que toda potestade pertence somente ao Senhor.

Ao ouvir isto, disseram indignados que queriam saber se este sentido espiritual estava nessas palavras. Por este motivo, foi-lhes dado o Verbo, que está no Céu, em cujo

Verbo não existe o Sentido natural, mas só o espiritual, porque é para os anjos, que são espirituais. Ao ler, viram claramente que ali não se menciona Pedro, mas, em seu lugar, diz-se *a Verdade do Bem procedente do Senhor*.

Assim que viram isto, tiraram, irados, o Verbo, e o teriam destroçado com os dentes se nesse momento não o tivessem tirado deles.

Assim, por mais que não quisessem, foram convencidos de que aquela potestade pertence unicamente ao Senhor, e não ao homem, pois é potestade Divina.

802. Eu disse que o Sistema religioso entendido por "Cidade de Babilônia" foi adulterado e falsificado de toda verdade do Verbo e, por conseguinte, de tudo o que é santo na Igreja, e anteriormente foi dito repetidas vezes que esse Sistema religioso não só adulterou os bens e verdades do Verbo, mas que também os profanou; por isso "Babel" significa, no Verbo, profanação do que é santo. Agora direi como foi verificado e ainda se verifica esta profanação: já disse que o amor de dominar por amor a si próprio sobre as santas coisas da Igreja e sobre o Céu, sobre tudo o que é Divino do Senhor, é o Diabo. Ora, visto que este domínio é o objetivo final na mente dos que introduziram esse sistema religioso, eles não puderam nem podem menos que profanar o Verbo e as santas coisas da Igreja. Suponhamos que esse amor, que é o Diabo, mora na mente interior de uma pessoa constituindo seu amor predominante, e exponhamos perante seus olhos uma Verdade Divina. Não seria destroçada?; não a jogaria na terra, pisando-a e substituindo-a por alguma falsidade, que estaria em harmonia com seu amor? O amor de possuir todas as coisas do mundo é Satanás, e o Diabo e Satanás fazem um só, como aliados, e o amor de um se encontra no outro. Conclua-se, então, por que "Babilônia" significa profanação.

Por exemplo: se àquele amor, que é o Diabo, for exposta a verdade de que só Deus deve ser venerado e adorado e não o homem, e que, por conseguinte, o Vicariato deve ser rechaçado como invenção e mentira, assim como a prática de invocar homens mortos e ajoelhar-se perante suas imagens, beijando-as e beijando os ossos daqueles, o que é uma idolatria tão real quanto abominável, e que deve ser igualmente descartado. Esse amor, que é o Diabo, não recusaria com fulminante ira estas verdades, destroçando-as?

Se a esse amor – o Diabo – se dissesse que abrir e fechar o Céu, ou seja, atar e desatar, isto é, perdoar os pecados, o que equivale a reformar e regenerar, redimir e salvar os homens, é coisa puramente Divina; e se lhe for dito também que o homem, cometendo profanação, pode se apossar das coisas Divinas; que Pedro tampouco o fez, por não exercer dita potestade; que a sucessão é uma mera invenção desse amor, assim como a transmissão do Espírito Santo de um homem a outro, então pergunto: esse amor, que é o Diabo, não encheria de maldições a quem assim falasse, mandando-o furioso ao inquisidor e jogado em alguma prisão maldita?

Se, além disso, for-lhe dito: como pode a Divina potestade do Senhor ser transmitida a vocês?; como pode a Divindade do Senhor se afastar de seu corpo e alma; não é segundo vossa própria fé que não pode?; como pode Deus Pai transferir Sua Divina potestade ao Filho sem transferi-la a seus bens divinos? como podem ser transmitidos ao homem para que ele os tenha como coisa dele? – e outras coisas parecidas – então esse amor, que é o Diabo, ao ouvir isto, calaria, furioso, e, rangendo os dentes, gritaria: "Joga-o, crucifica-o, saiam, saiam todos para ver este grande herege e alegrem-se".

CAPÍTULO DÉCIMO-NONO
O conteúdo de todo o capítulo

Ap 19.1–5 Glorificação do Senhor pelos anjos do Céu por afastar a Religião Católica Romana no mundo espiritual, por cujo afastamento eles voltaram a se encontrar em sua luz e felicidade.

6—10 Anúncio da Vinda do Senhor e uma Nova Igreja por Ele.

11—16 A abertura do Verbo, quanto a seu sentido espiritual para esta Igreja.

17—18 Exortação de todos a ela.

19 Resistência por parte dos que se encontram na fé separada da caridade.

20—21 Afastamento e condenação destes.

O conteúdo de cada versículo   (Ap 19.1) *Depois destas coisas, ouvi no céu como que uma grande voz de uma imensa multidão, que dizia: Aleluia! A salvação e a glória e o poder pertencem ao nosso Deus...*   Ação de graças, confissão e louvor tributado ao Senhor pelos anjos dos céus inferiores, pelo afastamento dos *Babilônicos* e por ter vindo a salvação do Senhor, porque agora, por Sua Divina Potestade seriam recebidos a Divina Verdade e o Divino Bem.

(Ap 19.2) *porque verdadeiros e justos são os seus juízos, pois julgou a grande prostituta, que havia corrompido a terra com a sua prostituição, e das mãos dela vingou o sangue dos seus servos.*   Com justiça foi condenado o profano sistema babilônico, o qual, por meio de abomináveis adulterações do Verbo, destruiu a Igreja do Senhor. Sua retribuição pelos danos e violências causadas às almas dos adoradores do Senhor.

(Ap 19.3) *E outra vez disseram: Aleluia. E a fumaça dela sobe pelos séculos dos séculos.*   Felicidade dos anjos, agradecendo e louvando ao Senhor por ter sido eternamente condenada essa religião profana.

(Ap 19.4) *Então os vinte e quatro anciãos e os quatro seres viventes prostraram-se e adoraram a Deus que está assentado no trono, dizendo: Amém. Aleluia!* Adoração do Senhor como Deus do Céu e da terra e como juiz do mundo pelos anjos dos céus superiores, confirmando a ação de graças, confissão e louvor do Senhor dos anjos dos céus inferiores.

(Ap 19.5) *E saiu do trono uma voz, dizendo: Louvai o nosso Deus, vós, todos os seus servos, e vós que o temeis, assim pequenos como grandes.* Influxo do Senhor no Céu (universal), pelo qual os anjos, por unanimidade, O adoraram como único Deus do Céu, tanto por aqueles que pelas verdades da fé e dos bens do amor O adoram mais intimamente, quanto por aqueles cuja adoração por verdades e bens é menos íntima.

(Ap 19.6) *Também ouvi uma voz como a de grande multidão, como a voz de muitas águas, e como a voz de fortes trovões, que dizia: Aleluia! porque já reina o Senhor nosso Deus, o Todo-Poderoso.* Felicidade dos anjos dos céus extremos, intermediários e íntimos, porque só o Senhor reina na Nova Igreja, que agora é.

(Ap 19.7) *Regozijemo-nos, e exultemos, e demos-lhe a glória; porque são chegadas as bodas do Cordeiro, e já a sua noiva se preparou...* Seu gozo, íntimo e cordial, vertido em glorificação do Senhor, porque a partir de agora haverá verdadeira união matrimonial do Senhor com Sua Igreja, e aqueles que serão desta Igreja, que é a Nova Jerusalém, são reunidos, iniciados e instruídos.

(Ap 19.8) *e foi-lhe permitido vestir-se de linho fino, resplandecente e puro; pois o linho fino são as obras justas dos santos.* São instruídos em verdades genuínas e puras pelo Senhor mediante o Verbo, porque mediante as verdades do Verbo recebem o bem da vida os que são da Igreja do Senhor.

(Ap 19.9) *E disse-me: Escreve: Bem-aventurados aqueles que são chamados à ceia das bodas do Cordeiro. Disse-*

me ainda: Estas são as verdadeiras palavras de Deus. Um anjo do Céu enviado a João, falando com ele, dizendo que será notório na terra quem tiver vida eterna, todo aquele que receber as santas coisas desta Igreja, sendo preciso acreditar nisto, porque o diz o próprio Senhor.

(Ap 19.10) *Então me lancei a seus pés para adorá-lo, mas ele me disse: Olha, não faças tal: sou conservo teu e de teus irmãos, que têm o testemunho de Jesus; adora a Deus; pois o testemunho de Jesus é o espírito da profecia.* Os anjos do Céu não devem ser adorados nem invocados, porque neles não há nada Divino, mas são como irmãos e sócios dos homens que adoram ao Senhor, e em comunhão com eles só o Senhor deve ser adorado, porque o reconhecimento de que o Senhor é Deus do Céu e da Terra, unido a uma vida segundo Seus preceitos, é, no sentido universal, o conteúdo do Verbo e da doutrina que vem dele mesmo.

(Ap 19.11) *E vi o céu aberto, e eis um cavalo branco; e o que estava montado nele chama-se Fiel e Verdadeiro; e julga a peleja com justiça.* Revelação do sentido espiritual do Verbo, abrindo-se o sentido interior ao entendimento do homem, que é a Vinda do Senhor. O Senhor como o Verbo, que é o Divino Bem e a Divina Verdade mesma, segundo os quais efetua o Juízo e afasta os bons dos maus.

(Ap 19.12) *Os seus olhos eram como chama de fogo; sobre a sua cabeça havia muitos diademas; e tinha um nome escrito, que ninguém sabia senão ele mesmo.* A divina Sabedoria e o Divino Amor do Senhor. As Divinas Verdades, que procedem Dele. Ninguém mais que o Senhor e aquele a quem o revela pode ver como é o Verbo em seu sentido espiritual e celestial.

(Ap 19.13) *Estava vestido de um manto salpicado de sangue; e o nome pelo qual se chama é o Verbo de Deus.* A Divina Verdade em seu sentido exterior, natural ou literal, cujo sentido tem sido violado.

(Ap 19.14) *Seguiam-no os exércitos que estão no céu, em*

cavalos brancos, e vestidos de linho fino, branco e puro. Os anjos do novo Céu cristão que têm conjunção com o Senhor por seu entendimento interior do Verbo, estando, por isso, em verdades genuínas e puras.

(Ap 19.15) *Da sua boca saía uma espada afiada, para ferir com ela as nações; ele as regerá com vara de ferro; e ele mesmo é o que pisa o lagar do vinho do furor da ira do Deus Todo-Poderoso.* A dispersão das falsidades pelo Senhor, por meio da doutrina do Verbo. Conversão dos que se encontram na fé morta, mediante as verdades do sentido literal do Verbo e as coisas racionais de sua mente. O Senhor, sozinho, tem suportado toda a maldade da Igreja e toda a violação contra o Verbo, ou seja, contra Ele mesmo.

(Ap 19.16) *No manto, sobre a sua coxa tem escrito o nome: Rei dos reis e Senhor dos senhores.* O Verbo ensina qual e como é o Senhor, que é a Divina Verdade da Divina Sabedoria e o Divino Bem do Divino amor, sendo, assim, Deus do Universo.

(Ap 19.17) *E vi um anjo em pé no sol; e clamou com grande voz, dizendo a todas as aves que voavam pelo meio do céu: Vinde, ajuntai-vos para a grande ceia de Deus...* O Senhor chamando e exortando, por seu Divino Amor e com zelo Divino, a quantos tiverem inclinação espiritual à Verdade e pensarem no Céu, para que venham à Nova Igreja e entrem em conjunção com Ele e tenham vida eterna.

(Ap 19.18) *para comerdes carnes de reis, carnes de comandantes, carnes de poderosos, carnes de cavalos e dos que neles montavam, sim, carnes de todos os homens, livres e escravos, pequenos e grandes.* Recebendo os bens do Senhor por meio das verdades do Verbo e sua doutrina em todos seus sentidos, graus e gêneros.

(Ap 19.19) *E vi a besta, e os reis da terra, e os seus exércitos reunidos para fazerem guerra àquele que estava montado no cavalo, e ao seu exército.* Os que são interiormente maus, professando a fé, assim caudilhos e seus adeptos combaterão a Divina Verdade no Verbo, infestando àqueles que serão da Nova Igreja do Senhor.

(Ap 19.20) *E a besta foi presa, e com ela o falso profeta que fizera diante dela os sinais com que enganou os que receberam o sinal da besta e os que adoraram a sua imagem. Estes dois foram lançados vivos no lago de fogo que arde com enxofre.* O juízo dos interiormente maus, que professam a fé, leigos e comunais, clérigos e eruditos, os quais, por seus raciocínios e demonstrações de que apenas a fé é o único meio de salvação, induzem a outros a adotar esta fé e a viver segundo ela. Sua captura e despedida ao inferno, onde reina o amor da falsidade e as concupiscências do mal.

(Ap 19.21) *E os demais foram mortos pela espada que saía da boca daquele que estava montado no cavalo; e todas as aves se fartaram das carnes deles.* Os protestantes das várias heresias, quantos não têm vivido segundo os preceitos do Senhor, preceitos que conheciam, perecem julgados pelo Verbo, e com suas concupiscências se alimentam do mal, em outras palavras, os gênios infernais, porque são da sua própria natureza.

CAPÍTULO VIGÉSIMO
O conteúdo de todo o capítulo

Ap 20.1–3 Afastamento dos *Draconistas*.

4–6 Ascenso, da terra inferior, daqueles que haviam adorado ao Senhor e fugido do mal por ser pecado.

7–9 Juízo daqueles em cujo culto não havia religião.

10 Condenação dos *Draconistas*.

11–15 Juízo universal dos outros.

O conteúdo de cada versículo (Ap 20.1) *E vi descer do céu um anjo, que tinha a chave do abismo e uma grande cadeia na sua mão.* Influxo do Senhor na região inferior (o mundo dos espíritos), com Sua Divina potestade de fechar e abrir, de atar e desatar.

(Ap 20.2) *Ele prendeu o dragão, a antiga serpente, que é o Diabo e Satanás, e o amarrou por mil anos.* Encarcerando os *Draconistas*, chamados aqui de "serpente antiga", por pensarem sensualmente, e não espiritualmente, sobre as coisas da fé, e "Diabo", por se encontrarem no mal a respeito da vida, e "Satanás", por se encontrarem em falsidades em relação à doutrina, separando-os do resto dos habitantes do mundo dos espíritos para que, por algum tempo, não existisse comunicação entre estes e aqueles.

(Ap 20.3) *Lançou-o no abismo, o qual fechou e selou sobre ele, para que não enganasse mais as nações até que os mil anos se completassem. Depois disto é necessário que ele seja solto por pouco tempo.* E afastando, assim, completamente, os que se achavam na fé, interrompendo qualquer comunicação entre estes e o resto para que não inspirassem sua heresia naqueles que seriam elevados ao Céu. Seu afastamento durou até que o Senhor elevou ao Céu os que se encontravam na verdade por causa do bem da sua vontade. Após isto, os *Draconistas* ficaram novamente em liberdade por algum tempo, restabelecendo sua comunicação com os outros.

(Ap 20.4) *Então vi uns tronos; e aos que se assentaram sobre eles foi dado o poder de julgar; e vi as almas daqueles que foram degolados por causa do testemunho de Jesus e da palavra de Deus, e que não adoraram a besta nem a sua imagem, e não receberam o sinal na fronte nem nas mãos; e reviveram, e reinaram com Cristo durante mil anos.* Abertura das falsidades do Verbo segundo as quais seriam todos julgados, sendo assim elevados da terra inferior os que haviam sido ocultos ali pelo Senhor para não serem seduzidos pelo "Dragão" e sua "Besta". Estes eram aqueles que foram afastados pelos que estavam nas falsidades da própria inteligência. Foram afastados por adorarem ao Senhor e viverem segundo as verdades de Seu Verbo, negando-se a admitir e a receber a doutrina da fé. Estes já haviam estado em conjunção com o Senhor e haviam estado em Seu Reino.

(Ap 20.5) *Mas os outros mortos não reviveram, até que os mil anos se completassem. Esta é a primeira ressurreição.* Além destes, ninguém foi elevado ao Céu até depois que o "Dragão" foi solto novamente, e depois que este os provou e explorou para saber quantos eram e como eram; porque a salvação e a vida eterna são adquiridas principalmente pela adoração ao Senhor e pela vida segundo seus preceitos, dados no Verbo, com o que se verifica a Conjunção com o Senhor e associação com os anjos do Céu.

(Ap 20.6) *Bem-aventurado e santo é aquele que tem parte na primeira ressurreição; sobre estes não tem poder a segunda morte; mas serão sacerdotes de Deus e de Cristo, e reinarão com ele durante os mil anos.* Os que foram elevados ao Céu receberam a felicidade, a vida eterna e ilustração pela conjunção com o Senhor. Para eles, não havia condenação, pois haviam sido mantidos pelo Senhor no bem do amor e na verdade da sabedoria, e estariam agora (novamente) no céu, enquanto o resto dos espíritos (bons) que ainda não haviam revivido, ou seja, recebido a vida eterna, continuavam no mundo dos espíritos.

(Ap 20.7) *Ora, quando se completarem os mil anos, Satanás será solto da sua prisão...* Após serem elevados ao Céu, pelo Senhor, aqueles que até então se ocultaram na terra inferior, e os que estavam nas falsidades da fé voltaram a sair em liberdade e e ampliaram com eles o novo Céu Cristão.

(Ap 20.8) *e sairá a enganar as nações que estão nos quatro cantos da terra, Gogue e Magogue, cujo número é como a areia do mar, a fim de ajuntá-las para a batalha.* Estes, que também são chamados *Draconistas*, congregaram a todos os procedentes da terra no mundo dos espíritos. Encontravam-se num culto meramente exterior e natural, sem nada de interior e espiritual, indo contra os que adoravam ao Senhor e que viviam segundo seus preceitos, dados no Verbo. O número dos adeptos do "Dragão" é imenso.

(Ap 20.9) *E subiram sobre a largura da terra, e cercaram o arraial dos santos e a cidade querida; mas desceu fogo do céu, e os devorou...* E estes, excitados pelos *Dracônicos*, desprezavam toda verdade da Igreja e procuravam destruir a Nova Igreja e sua doutrina sobre o Senhor e a vida. Mas pereceram pelas concupiscências de seu amor infernal.

(Ap 20.10) *e o Diabo, que os enganava, foi lançado no lago de fogo e enxofre, onde estão a besta e o falso profeta; e de dia e de noite serão atormentados pelos séculos dos séculos.* Os que se encontravam no mal a respeito da doutrina, foram jogados no inferno, onde serão perpetuamente infestados por seu amor das falsidades e por suas concupiscências do mal.

(Ap 20.11) *E vi um grande trono branco e o que estava assentado sobre ele, de cuja presença fugiram a terra e o céu; e não foi achado lugar para eles.* O Senhor, efetuando o Juízo sobre os céus anteriores, formados pelos que se achavam num bem meramente civil e moral, sem nada de espiritual, ou seja, os que aparentemente eram bons cristãos, mas que, contudo, possuíam diabos em seu interior, cujos céus com suas terras foram então completamente dispersos, sem deixar nenhum vestígio.

(Ap 20.12) *E vi os mortos, grandes e pequenos, em pé diante do trono; e abriram-se uns livros; e abriu-se outro livro, que é o da vida; e os mortos foram julgados pelas coisas que estavam escritas nos livros, segundo as suas obras.* Compareçem todos os mortos desta terra sem distinção de classe nem qualidade, os quais (no momento do Juízo

Final) se encontravam entre aqueles que (procedentes de outros mundos) estavam no mundo dos espíritos. Foram convocados pelo Senhor para serem julgados. A mente interior de cada um deles foi aberta, e por influência do calor e da luz do Céu, percebia-se quais e como eram as inclinações de seu amor, ou seja, da sua vontade, e, por conseguinte, também as idéias de sua fé, ou seja, os pensamentos de seu entendimento, tanto nos bons quanto nos maus, e todos foram julgados segundo sua vida interior em sua vida exterior.

(Ap 20.13) *O mar entregou os mortos que nele havia; e a morte e o Hades entregaram os mortos que neles havia; e foram julgados, cada um segundo as suas obras.* Chamados para serem julgados, compareceram também os que na Igreja eram meramente exteriores e naturais, e também os de coração ímpio, que eram interiormente diabos e satanás. E foram julgados estes e aqueles segundo sua vida interior em sua vida exterior.

(Ap 20.14) *E a morte e o Hades foram lançados no lago de fogo. Esta é a segunda morte, o lago de fogo.* E os de coração ímpio, que interiormente eram diabos e satanás, por muito que exteriormente parecessem ser igrejas, foram jogados ao inferno daqueles que amam, sobre todas as coisas, o mal e suas falsidades concordantes.

(Ap 20.15) *E todo aquele que não foi achado inscrito no livro da vida, foi lançado no lago de fogo.* E os outros, que não haviam vivido segundo os preceitos do Senhor, dados no Verbo, nem acreditado nele, foram igualmente condenados.

CAPÍTULO VIGÉSIMO-PRIMEIRO

O conteúdo de todo o capítulo   Neste capítulo, se trata de qual seria o estado do céu e da Igreja depois do Juízo Final.

Ap 21.1–8   Após o Juízo, nasceria na terra por meio do Céu novo a Nova Igreja, que adoraria só ao Senhor.

9–10 A conjunção desta Igreja com o Senhor.

11 Descrição de como seria sua inteligência do Verbo.

12–21 De como seria sua doutrina tirada do mesmo.

22–26 E de como seria sua qualidade em conjunto.

O conteúdo de cada versículo (Ap 21.1) *E vi um novo céu e uma nova terra. Porque já se foram o primeiro céu e a primeira terra, e o mar já não existe.* Aparição do Céu novo, que o Senhor formou dos cristãos, e que se chama o céu cristão. Neste céu se encontram os que no mundo adoravam ao Senhor, vivendo conforme Seus preceitos e encontrando-se, por isso, no amor e na fé. Também estão ali todos os cristãos que morreram sendo crianças. Este céu se formou ao desaparecerem, no dia do Juízo Final, depois de afastados e salvos os que estavam inscritos no livro de vida do Senhor, todos os céus (falsos), não formados pelo Senhor, mas por certos cristãos, conforme entravam no mundo espiritual, sumindo com eles também a região extrema, que era a aglomeração de cristãos em geral, (mortos) desde o começo da Igreja.

(Ap 21.2) *E vi a santa cidade, a Nova Jerusalém, que descia do céu da parte de Deus, adereçada como uma noiva ataviada para o seu noivo.* Aparição da Nova Igreja, que o Senhor instituiu no lugar da anterior, cuja Nova Igreja, pelas verdades do Verbo, associa-se com o Céu novo, tanto a respeito da doutrina quanto da vida, e conjunção com o Senhor por meio do Verbo.

(Ap 21.3) *E ouvi uma grande voz, vinda do trono, que dizia: Eis que o tabernáculo de Deus está com os homens, pois com eles habitará, e eles serão o seu povo, e Deus mesmo estará com eles.* O Senhor, de Seu Divino Amor anunciando a boa nova de que Ele mesmo em Sua Divina Humanidade, estará, a partir de então, presente com os homens, e terá conjunção com Ele, eles, Nele e Ele, neles.

(Ap 21.4) *Ele enxugará de seus olhos toda lágrima; e não haverá mais morte, nem haverá mais pranto, nem lamento, nem dor; porque já as primeiras coisas são passadas.* O Senhor tirará toda dor de seu ânimo, todo temor de condenação, de males e falsidades do inferno e de tentações por estes, e não mais se lembrarão dessas tribulações, porque o "Dragão", causa delas, foi descartado.

(Ap 21.5) *E o que estava assentado sobre o trono disse: eis que faço novas todas as coisas. E acrescentou: Escreve; porque estas palavras são fiéis e verdadeiras.* O Senhor confirmando tudo o que é relativo ao Céu novo e à Nova Igreja, formado e instituído após o Juízo Final.

(Ap 21.6) *Disse-me ainda: está cumprido: Eu sou o Alfa e o Ômega, o princípio e o fim. A quem tiver sede, de graça lhe darei a beber da fonte da água da vida.* Afirmando que é Divina Verdade. Ele é Deus do Céu e da terra. Por Ele todas as coisas são feitas. Sua Divina providência as dirige e, por disposição dela, acontecem. A quem quiser receber verdades para algum uso espiritual, dará de Si próprio, e por meio do Verbo, tudo o que conduzir a dito uso.

(Ap 21.7) *Aquele que vencer herdará estas coisas; e eu serei seu Deus, e ele será meu filho.* Os que vencem seus males, ou seja, ao Diabo, não sucumbindo nas tentações pelos *Babilônicos* e os *Draconistas*, irão ao Céu e viverão ali no Senhor e Ele, neles.

(Ap 21.8) *Mas, quanto aos medrosos, e aos incrédulos, e aos abomináveis, e aos homicidas, e aos adúlteros, e aos feiticeiros, e aos idólatras, e a todos os mentirosos, a sua parte será no lago ardente de fogo e enxofre, que é a segunda morte.* Mas os que não têm fé, nem amor, e que por isso se encontram em todo gênero do mal, e os que desprezam os preceitos do Decálogo, não entendendo como pecados os males ali enumerados, irão ao inferno, onde reina o Amor das falsidades e as concupiscências do mal, o que é a condenação.

(Ap 21.9) *E veio um dos sete anjos que tinham as sete ta-*

ças cheias das sete últimas pragas, e falou comigo, dizendo: Vem, mostrar-te-ei a noiva, a esposa do Cordeiro. Influxo e comunicação do Senhor por meio do íntimo Céu, relacionado com a Nova Igreja, que, por meio do Verbo, terá conjunção com o Senhor.

(Ap 21.10) *E levou-me em espírito a um grande e alto monte, e mostrou-me a santa cidade de Jerusalém, que descia do céu da parte de Deus...* João, elevado ao terceiro céu e sua vida aberta ali, manifestando-se perante ela, de maneira representativa, em forma de cidade, a Nova Igreja do Senhor a respeito de sua Doutrina.

(Ap 21.11) *tendo a glória de Deus; e o seu brilho era semelhante a uma pedra preciosíssima, como se fosse jaspe cristalino...* Esta Igreja estará na verdadeira inteligência do Verbo, porque este será para ela transparente, transluzindo seu sentido espiritual.

(Ap 21.12) *e tinha um grande e alto muro com doze portas, e nas portas doze anjos, e nomes escritos sobre elas, que são os nomes das doze tribos dos filhos de Israel.* O sentido literal do Verbo, de cujo sentido se colhe a Doutrina da Nova Igreja. Todos os conhecimentos introdutórios dos bens e as verdades deste, por meio dos quais o homem é introduzido na Nova Igreja. Os Divinos bens e as Divinas verdades da Igreja, contidos nestes conhecimentos introdutórios e sua custódia, para que ninguém seja admitido sem se encontrar nestes bens pelo Senhor.

(Ap 21.13) *Ao oriente havia três portas, ao norte três portas, ao sul três portas, e ao ocidente três portas.* Os conhecimentos de verdades e bens, nos que há vida do Céu procedente do Senhor, por meio de cujos conhecimentos se entra na Igreja, são para aqueles que se encontram no amor, ou seja, com inclinação para o bem, e segundo o grau, e para aqueles que têm sabedoria, ou seja, inclinação à verdade e segundo o grau.

(Ap 21.14) *O muro da cidade tinha doze fundamentos, e neles estavam os nomes dos doze apóstolos do Cordeiro.*

O Verbo possui, em seu sentido literal, toda a Doutrina da Nova Igreja, e esta contém toda a Doutrina do Verbo referente ao Senhor e à vida segundo Seus preceitos.

(Ap 21.15) *E aquele que falava comigo tinha por medida uma cana de ouro, para medir a cidade, as suas portas e o seu muro.* Os que se encontram no bem do amor recebem do Senhor faculdade e entendimento para compreender e conhecer a qualidade da Nova Igreja quanto à sua Doutrina, suas verdades e quanto ao Verbo, de onde provêm.

(Ap 21.16) *A cidade era quadrangular; e o seu comprimento era igual à sua largura. E mediu a cidade com a cana e tinha ela doze mil estádios; e o seu cumprimento, largura e altura eram iguais.* A Justiça desta Igreja: que o bem e a verdade formam unidade como essência e forma. A qualidade desta a respeito da doutrina: que todo detalhe dela procede do bem do amor.

(Ap 21.17) *Também mediu o seu muro, e era de cento e quarenta e quatro côvados, segundo a medida de homem, isto é, de anjo.* Sua qualidade em relação ao Verbo, de onde vêm todas as verdades e bens, sua natureza: que forma unidade com o Céu.

(Ap 21.18) *O muro era construído de jaspe, e a cidade era de ouro puro, semelhante a vidro límpido.* Para os que pertencem a esta Igreja, a Divina Verdade do sentido literal do Verbo é transparente, transluzindo a Divina Verdade do sentido espiritual. Por isso, o todo desta Igreja é o bem do amor, cujo bem procede do Senhor e influi junto com a luz do Céu.

(Ap 21.19–20) *Os fundamentos do muro da cidade estavam adornados de toda espécie de pedras preciosas. O primeiro fundamento era de jaspe; o segundo, de safira; o terceiro, de calcedônia; o quarto, de esmeralda; o quinto, de sardônica; o sexto, de sárdio; o sétimo, de crisólito; o oitavo, de berilo; o nono, de topázio; o décimo, de crisópraso; o undécimo, de jacinto; o duodécimo, de ametista.* A Doutrina da Nova Igreja, tirada do Verbo, aparece em luz, segundo sua recepção, para aqueles que a possuem. Todas as coisas desta doutrina que procede do sentido literal do Verbo se manifestam por ordem sua àqueles que se aproximam diretamente ao Senhor, vivendo segundo os preceitos do Decálogo, e fugindo do mal por ser pecado, porque ninguém além deles possui a doutrina do amor ao Senhor e a caridade, cujos dois amores são o fundamento da religião.

(Ap 21.21) *As doze portas eram doze pérolas: cada uma das portas era de uma só pérola; e a praça da cidade era de ouro puro, transparente como vidro.* A soma dos conhecimentos do bem e a verdade do Verbo, que introduzem na Igreja, é reconhecer ao Senhor (Jesus Cristo como Deus do Céu e da Terra), e conhecer a Ele; e a verdade desta Igreja e sua Doutrina é o bem do amor em forma, que influi junto com a luz do céu, ambos procedentes do Senhor.

(Ap 21.22) *Nela não vi santuário, porque o seu santuário é o Senhor Deus Todo-Poderoso, e o Cordeiro.* Nesta Igreja não haverá adoração exterior separada da interior, porque todos nela se dirigirão, confessarão e adorarão ao Senhor em Sua Divina Humanidade e Dele vêm todas as coisas da Igreja.

(Ap 21.23) *A cidade não necessita nem do sol, nem da lua, para que nela resplandeçam, porém a glória de Deus a tem alumiado, e o Cordeiro é a sua lâmpada.* Os que pertencerão a esta Igreja não se encontrarão no amor próprio nem no orgulho da própria inteligência e, por isso, numa luz exclusivamente natural; mas pela Divina Verdade do Verbo, procedente unicamente do Senhor, se encontrarão na luz espiritual.

(Ap 21.24) *As nações andarão à sua luz; e os reis da terra trarão para ela a sua glória.* Os que se encontram no bem da vida e na fé do Senhor viverão nesta Igreja segundo as Divinas verdades, e as verão dentro de si da mesma forma como vêem os objetos com os olhos, e os que se encontram na verdade da sabedoria pelo bem espiritual, confessarão nela ao Senhor e atribuirão a Ele toda a verdade e todo o bem que existe neles.

(Ap 21.25) *As suas portas não se fecharão de dia, e noite ali não haverá...* Na Nova Igreja serão recebidos continuamente quantos se encontrarem em verdades pelo bem do amor ao Senhor porque nela não haverá falsidade alguma na fé. Os que entrarem nela levarão com eles a confissão, o reconhecimento e a fé de que o Senhor é Deus do Céu e da terra, e que Dele vêm todas as verdades da Igreja e todos os bens da religião.

(Ap 21.26–27) *e a ela trarão a glória e a honra das nações. E não entrará nela coisa alguma impura, nem o que pratica abominação ou mentira; mas somente os que estão inscritos no livro da vida do Cordeiro.* Ninguém que adulterar o bem e falsificar a verdade ou que obrar mal e, por conseguinte, pensar e falar falsidades será recebido na Nova Igreja do Senhor. Nesta Igreja, que é a Nova Jerusalém, só serão recebidos os que acreditarem no Senhor e viverem segundo Seus preceitos, dados pelo Verbo.

926. Aqui acrescentarei a seguinte *Lembrança*: estando ocupado na explicação do capítulo vigésimo e meditando sobre o "Dragão", a "Besta" e o "Falso Profeta", apareceu um anjo-espírito e me perguntou: "Sobre o que medita?". – Eu disse: "Falso Profeta". Então ele disse: "Levarei você a um lugar onde estão os designados com o nome de Falso Profeta". Ele disse que são os mesmos que (em Ap 13) se entendem por "a Besta", que subiu da Terra, tendo dois chifres semelhantes aos do Cordeiro e falando como o Dragão.

Segui-o e chegamos a uma multidão, na qual se encontravam vários Prelados, que (no mundo) haviam ensinado que nada salva o homem mais do que a fé, e que as obras são boas, mas não para a salvação, e que, contudo, do Verbo deve ser ensinado que as obras devem ser praticadas para manter os leigos em obediência à autoridade, especialmente os mais simples, obrigando-os, por meio da

Religião, ou seja, mediante um meio interior, a praticar uma caridade moral.

Vendo-me, então, como um deles, me disse: "Quer ver o nosso templo, onde há uma imagem, que representa a nossa fé?".

Aproximei-me e olhei, e vi que era magnífico, e que no centro estava a imagem de uma mulher, vestida de escarlate, com uma moeda de ouro na mão direita e um colar de pérolas na esquerda. Mas o templo e a imagem eram o efeito de uma sugestão produzida pela fantasia, porque os espíritos infernais podem apresentar coisas magníficas mediante a fantasia, fechando o interior da mente e abrindo unicamente o exterior. Mas, percebendo que era um dos que escamoteavam, orei ao Senhor e subitamente abriu-se o interior da minha mente, quando no lugar do templo magnífico vi uma casa em ruínas, cheia de gretas de cima para baixo, não havendo nela coisa alguma coerente ou inteira, e no lugar da mulher vi, na casa, uma imagem pendurada, cuja cabeça era como a de um dragão, corpo de leopardo, pés como de um urso e boca como a de um leão, exatamente como é descrita a besta (Ap 13), que subiu do mar, e ao invés de chão havia um pântano cheio de rãs. Foi-me dito que debaixo do charco havia uma pedra grande, talhada, debaixo da qual encontrava-se o Verbo.

Visto isso tudo, disse a quem escamoteava: "É esse vosso templo?". E respondeu que sim, era.

Mas, de repente, foi aberta a mente interior dele também, e via o mesmo que eu. E, vendo, exclamou berrando: "O que é isso? De onde vem?".

Eu disse que era o efeito da luz do céu, que descobre a qualidade de toda forma, e "aqui a qualidade de vossa fé separada do amor espiritual".

Um momento depois soprou um forte vento Solano, varrendo tudo o que estava ali; secou também o charco, descobrindo a pedra, debaixo da qual estava o Verbo. Depois passaram ondas suaves de um calor primaveral, que vinha do Céu e então, no mesmo lugar que se via uma tenda, ou tabernáculo, de muito simples aspecto.

E os anjos, que estavam comigo, disseram: "Eis a tenda de Abraão, tal e como era quando vieram a ele os três anjos e anunciaram o nascimento de Isaac. À primeira vista, seu aspecto é simples, mas com o influxo da luz do Céu torna-se mais e mais magnífica e formosa".

E foi-lhes dado abrir o céu dos anjos e elementos espirituais, que se acham na sabedoria, e, pelo influxo da luz do mesmo, a tenda apresentou o aspecto do templo de Jerusalém. Olhando o interior, vi a pedra, debaixo da qual antes estava oculto o Verbo, agora guarnecida de pedras preciosas ao redor, cujas pedras despediam um fulgor belíssimo sobre as paredes, decoradas com querubins, iluminando tudo com perpétua variação de cores de inefável formosura.

Enquanto olhava isto, extasiado, os anjos disseram: "Verá coisa ainda mais formosa". E foi-lhes dado abrir o terceiro céu, onde estão os anjos celestiais, que se encontram no amor, e, pelo influxo da luz, que dele procedia, desapareceu o templo totalmente, e em seu lugar vi ao Senhor só, de pé sobre a pedra antes mencionada, que era o Verbo, sendo do mesmo aspecto que viu João (Ap 1). Mas a mente interior dos anjos se encheu de um sentimento de santidade, por cujo efeito queriam se render sobre seus rostos, pelo que a via da luz do terceiro céu foi subitamente fechada pelo Senhor e aberta a da luz do segundo céu, voltando a aparecer o templo anterior e também a tenda, mas agora dentro do templo.

Assim ficou ilustrada a significação das seguintes palavras neste Capítulo: "Eis que o tabernáculo de Deus está com os homens, pois com eles habitará" (Ap 21.3).

E estas: "Nela não vi santuário, porque o seu santuário é o Senhor Deus Todo-Poderoso, e o Cordeiro" (Ap 21.22).

CAPÍTULO VIGÉSIMO-SEGUNDO
O conteúdo de todo o capítulo

Ap 22.1—5 Continua descrevendo-se esta Igreja a respeito de seu entendimento das Divinas verdades procedentes do Senhor.

6—10 Que o Apocalipse foi dado pelo Senhor e que seria revelado oportunamente.

11-17 Da vinda do Senhor e Sua conjunção com aqueles que acreditam Nele e vivem segundo Seus preceitos.

18—19 Que o revelado deve ser observado rigorosamente.

17, 20, 21 As bodas.

O conteúdo de cada versículo (Ap 22.1) *E mostrou-me o rio da água da vida, claro como cristal, que procedia do trono de Deus e do Cordeiro.* O Apocalipse aberto e explicado segundo o sentido espiritual, no qual são revelados pelo Senhor abundantes verdades Divinas para aqueles que serão de Sua Nova Igreja, que é a Nova Jerusalém.

(Ap 22.2) *No meio da sua praça, e de ambos os lados do rio, estava a árvore da vida, que produz doze frutos, dando seu fruto de mês em mês; e as folhas da árvore são para a cura das nações.* No mais íntimo das verdades da doutrina e, por conseguinte, na vida da Nova Igreja, está o Senhor em seu Divino amor, do qual provém o bem, que o homem desta Igreja realiza por meio de atos e obras como se o fizesse por virtude e força próprias: o Senhor produz os bens nestes segundo cada estado da verdade neles, e, pelas verdades racionais, que procedem deles, são induzidos a pensar de forma sadia e a viver de forma decente também os que se encontram em males e falsidades.

(Ap 22.3) *Ali não haverá jamais maldição. Nela estará o trono de Deus e do Cordeiro, e os seus servos o servirão...*

Na Nova Igreja, que é a Nova Jerusalém, ninguém estará separado do Senhor, porque o Senhor reinará nela, e os que estão na verdade e guardam seus mandamentos estarão com Ele e terão conjunção com Ele.

(Ap 22.4) *e verão a sua face; e nas suas frontes estará o seu nome.* Voltar-se-ão para o Senhor e o Senhor para eles, porque sua união será de amor.

(Ap 22.5) *E ali não haverá mais noite, e não necessitarão de luz de lâmpada nem de luz do sol, porque o Senhor Deus os alumiará; e reinarão pelos séculos dos séculos.* Na Nova Jerusalém não haverá nada errôneo na fé e o homem desta Igreja não estará numa luz puramente natural, procedente da própria inteligência e do conseguinte orgulho, no que se refere aos conhecimentos de Deus, mas estará numa luz espiritual, que vem do Verbo e emana só do Senhor. Estará no Reino do Senhor e em conjunção com Ele eternamente.

(Ap 22.6) *E disse-me: Estas palavras são fiéis e verdadeiras; e o Senhor, o Deus dos espíritos dos profetas, enviou o seu anjo, para mostrar aos seus servos as coisas que em breve hão de acontecer.* É imperioso saber isto e sabê-lo verdadeiro porque o próprio Senhor o disse e testemunhou. O Senhor, de quem veio o Verbo de ambos Testamentos, revelou estas coisas por meio do Céu para aqueles que por Ele estão na verdade, e sem falta acontecerão.

(Ap 22.7) *Eis que cedo venho; bem-aventurado aquele que guarda as palavras da profecia deste livro.* O Senhor seguramente virá e dará vida eterna aos que guardam e praticam as verdades ou preceitos da doutrina deste livro, agora aberto pelo Senhor.

(Ap 22.8) *Eu, João, sou o que ouvi e vi estas coisas. E quando as ouvi e vi, prostrei-me aos pés do anjo que mas mostrava, para o adorar.* João pensava que o anjo, enviado pelo Senhor para mantê-lo em estado espiritual, era Deus, que revelava aquelas coisas, mas não era assim, porque o anjo só manifestava (em forma visível) o que o Senhor revelava.

(Ap 22.9) *Mas ele me disse: Olha, não faças tal; porque eu sou conservo teu e de teus irmãos, os profetas, e dos que guardam as palavras deste livro. Adora a Deus.* Os anjos não devem ser adorados, pois não há nada Divino neles, mas são associados, como irmãos, aos homens, que se encontram na doutrina da Nova Jerusalém, guardando seus preceitos, e em associação com eles se deve adorar somente ao Senhor.

(Ap 22.10) *Disse-me ainda: Não seles as palavras da profecia deste livro; porque próximo está o tempo.* Advertência de que o Apocalipse não permaneceria fechado, mas aberto, e que sua abertura seria verificada no fim da Igreja, o qual seria necessário para a salvação dos homens.

(Ap 22.11) *Quem é injusto, faça injustiça ainda: e quem está sujo, suje-se ainda; e quem é justo, faça justiça ainda; e quem é santo, santifique-se ainda.* O estado de todos após a morte, de cada um em particular após a sua morte e antes do juízo (particular) e de todos, em geral, antes do juízo final: os que se encontram no mal são despojados de seus bens, e os que se encontram na falsidade são despojados de suas verdades e vice-versa: os que se encontram no bem são libertados de seus males, e os que se acham na verdade são libertados de suas falsidades.

(Ap 22.12) *Eis que cedo venho e está comigo a minha recompensa, para retribuir a cada um segundo a sua obra.* O Senhor certamente virá e dará o Céu e a felicidade da vida eterna a cada um segundo sua fé Nele e sua vida segundo Seus preceitos.

(Ap 22.13) *Eu sou o Alfa e o Ômega, o primeiro e o derradeiro, o princípio e o fim.* Porque o Senhor é Deus do Céu e da terra, e por Ele são feitas todas as coisas nos céus e nas terras. Sua Divina Providência dirige tudo, e, por disposição dela, acontecem todas as coisas.

(Ap 22.14) *Bem-aventurados aqueles que lavam as suas*

vestes no sangue do Cordeiro para que tenham direito à arvore da vida, e possam entrar na cidade pelas portas. Terão felicidade eterna aqueles que vivem segundo os preceitos do Senhor, a fim de estar com Ele e Ele com eles unidos em Seu Amor, e em Sua Nova Igreja por meio dos conhecimentos Dele.

(Ap 22.15) *Ficarão de fora os cães, os feiticeiros, os adúlteros, os homicidas, os idólatras, e tudo o que ama e pratica a mentira.* Não entrarão na Nova Jerusalém quem rechaçar os preceitos do Decálogo e quem não fugir dos males nele indicados, mas os praticar em sua vida.

(Ap 22.16) *Eu, Jesus, enviei o meu anjo para vos testificar estas coisas a favor das igrejas. Eu sou a raiz e a geração de Davi, a resplandecente estrela da manhã.* Testemunho do Senhor entregue perante todo o mundo cristão de que somente Ele revelou as coisas consignadas neste livro e agora abertas, e que Ele é o próprio Senhor, que nasceu no mundo, onde era a Luz. E que agora vem com uma nova Luz, que iluminará a Sua Nova Igreja, que é a Santa Jerusalém.

(Ap 22.17) *E o Espírito e a noiva dizem: Vem. E quem ouve, diga: Vem. E quem tem sede, venha; e quem quiser, receba de graça a água da vida.* O Céu e a Igreja anelam a Vinda do Senhor. Quem possuir os conhecimentos da Vinda do Senhor, do Céu novo e da Nova Igreja, numa palavra, do Reino do Senhor, ore para que Seu Reino venha, e quem desejar as verdades, ore para que o Senhor venha com Sua Luz. Quem ama as verdades as receberá do Senhor sem nenhum trabalho.

(Ap 22.18) *Eu testifico a todo aquele que ouvir as palavras da profecia deste livro: Se alguém lhes acrescentar alguma coisa, Deus lhe acrescentará as pragas que estão escritas neste livro...* Mas os que lêem e aprendem as verdades doutrinais expostas neste Livro, agora aberto pelo Senhor, e que, contudo, reconhecem a outro Deus que não seja o Senhor, e a outra fé que não seja a fé Nele, acrescentando o que puder destruir ambos (o reconhecimento do Senhor e a fé nele) não deixará de perecer pelas falsidades e males, significados pelas pragas descritas neste Livro.

(Ap 22.19) *e se alguém tirar qualquer coisa das palavras do livro desta profecia, Deus lhe tirará a sua parte da árvore da vida, e da cidade santa, que estão descritas neste livro.* E os que lêem e aprendem as verdades doutrinais expostas neste Livro, agora aberto pelo Senhor, e que, contudo, reconhecem a outro Deus que não seja o Senhor, e a outra fé que não seja a fé Nele, tirando aquilo cuja eliminação puder destruir ambos (o reconhecimento do Senhor e a fé Nele), não poderão aprender e admitir bem nem verdade alguma do Verbo; não poderão ser recebidos na Nova Jerusalém nem participar da sorte dos que estão no Reino do Senhor.

(Ap 22.20) *Aquele que testifica estas coisas diz: Certamente cedo venho. Amém; vem, Senhor Jesus.* O Senhor, que revelou o Apocalipse e que agora o abriu, dá testemunho do Evangelho de que retorna como Noivo e Esposo, em Sua Divina Humanidade, assumida e glorificada no mundo, e que a Igreja O desejará como noiva e esposa.

(Ap 22.21) *A graça do Senhor Jesus seja com todos.* A graça do Senhor Jesus esteja com todos. Amém!

TÍTULOS PUBLICADOS

1. *Iracema*, Alencar
2. *Don Juan*, Molière
3. *Contos indianos*, Mallarmé
4. *Auto da barca do Inferno*, Gil Vicente
5. *Poemas completos de Alberto Caeiro*, Pessoa
6. *Triunfos*, Petrarca
7. *A cidade e as serras*, Eça
8. *O retrato de Dorian Gray*, Wilde
9. *A história trágica do Doutor Fausto*, Marlowe
10. *Os sofrimentos do jovem Werther*, Goethe
11. *Dos novos sistemas na arte*, Maliévitch
12. *Mensagem*, Pessoa
13. *Metamorfoses*, Ovídio
14. *Micromegas e outros contos*, Voltaire
15. *O sobrinho de Rameau*, Diderot
16. *Carta sobre a tolerância*, Locke
17. *Discursos ímpios*, Sade
18. *O príncipe*, Maquiavel
19. *Dao De Jing*, Laozi
20. *O fim do ciúme e outros contos*, Proust
21. *Pequenos poemas em prosa*, Baudelaire
22. *Fé e saber*, Hegel
23. *Joana d'Arc*, Michelet
24. *Livro dos mandamentos: 248 preceitos positivos*, Maimônides
25. *O indivíduo, a sociedade e o Estado, e outros ensaios*, Emma Goldman
26. *Eu acuso!*, Zola | *O processo do capitão Dreyfus*, Rui Barbosa
27. *Apologia de Galileu*, Campanella
28. *Sobre verdade e mentira*, Nietzsche
29. *O princípio anarquista e outros ensaios*, Kropotkin
30. *Os sovietes traídos pelos bolcheviques*, Rocker
31. *Poemas*, Byron
32. *Sonetos*, Shakespeare
33. *A vida é sonho*, Calderón
34. *Escritos revolucionários*, Malatesta
35. *Sagas*, Strindberg
36. *O mundo ou tratado da luz*, Descartes
37. *O Ateneu*, Raul Pompéia
38. *Fábula de Polifemo e Galatéia e outros poemas*, Góngora
39. *A vênus das peles*, Sacher-Masoch

40. *Escritos sobre arte*, Baudelaire
41. *Cântico dos cânticos*, [Salomão]
42. *Americanismo e fordismo*, Gramsci
43. *O princípio do Estado e outros ensaios*, Bakunin
44. *O gato preto e outros contos*, Poe
45. *História da província Santa Cruz*, Gandavo
46. *Balada dos enforcados e outros poemas*, Villon
47. *Sátiras, fábulas, aforismos e profecias*, Da Vinci
48. *O cego e outros contos*, D.H. Lawrence
49. *Rashômon e outros contos*, Akutagawa
50. *História da anarquia (vol. 1)*, Max Nettlau
51. *Imitação de Cristo*, Tomás de Kempis
52. *O casamento do Céu e do Inferno*, Blake
53. *Cartas a favor da escravidão*, Alencar
54. *Utopia Brasil*, Darcy Ribeiro
55. *Flossie, a Vênus de quinze anos*, [Swinburne]
56. *Teleny, ou o reverso da medalha*, [Wilde]
57. *A filosofia na era trágica dos gregos*, Nietzsche
58. *No coração das trevas*, Conrad
59. *Viagem sentimental*, Sterne
60. *Arcana Cœlestia e Apocalipsis revelata*, Swedenborg

Edição	Jorge Sallum
Co-edição	Alexandre B. de Souza
Capa e projeto gráfico	Júlio Dui e Renan Costa Lima
Programação em LaTeX	Marcelo Freitas
Consultoria em LaTeX	Roberto Maluhy Jr.
Imagem de capa	Clara Natoli
Revisão	Graziela Marcolin, Jorge Sallum, Alexandre B. de Souza, Mônica Ferreira Mayrink O'Kuinghttons
Colofão	Adverte-se aos curiosos que se imprimiu esta obra nas oficinas da gráfica Vida & Consciência em 7 de novembro de 2008, em papel off-set 90 gramas, composta em tipologia Walbaum Monotype de corpo oito a treze e Courier de corpo sete, em plataforma Linux (Gentoo, Ubuntu), com os softwares livres LaTeX, DeTeX, VIM, Evince, Pdftk, Aspell, SVN e TRAC.